hüte dein
Herz
Mehr als alles

Mehr als
hüte dein Herz

hüte dein
Herz

Für meine liebe Silvi!

Ich wünsche mir von Herzen,
dass Du gemeinsam mit Jesus
der Wahrheit und der Liebe
glaubst, die unser Vater auch
Dir fest ins Herz gepflanzt hat!

Du bist eine ganz
besondere Freundin &
Schwester für mich!

Deine Petra

Dezember 2010

Stacy Eldredge

Mehr als alles hüte dein Herz

In Gottes Liebe aufatmen

Deutsch von Markus Baum
und Renate Hübsch

Titel der amerikanischen Originalausgabe:
**Your Captivating Heart. Captivating. Discover how God's
True Love can free a Woman's Soul.**
Copyright © 2007 by Anastasi Eldredge. Originalausgabe:
Thomas Nelson, Inc., Nashville, Tennessee, USA.
Alle Rechte vorbehalten.
Der Text ist teilweise übernommen aus:
John und Stacy Eldredge, *Weißt du nicht,
wie schön du bist?*, Brunnen Verlag Gießen 2006.

Übersetzung aus dem Amerikanischen:
Markus Baum und Renate Hübsch

Bibelzitate folgen unterschiedlichen Übersetzungen
und sind wie folgt gekennzeichnet:
EÜ – Einheitsübersetzung der Heiligen Schrift.
© 1980 Katholische Bibelanstalt GmbH, Stuttgart.
Hfa – Hoffnung für alle®.
© 1983, 1996, 2002 by Biblica Inc.™.
Verwendet mit freundlicher Genehmigung des Verlags.
Alle weiteren Rechte weltweit vorbehalten.
L – Lutherbibel in der revidierten Fassung von 1984
© 1985 Deutsche Bibelgesellschaft, Stuttgart.

4. Auflage 2010

© 2008 Brunnen Verlag Gießen
www.brunnen-verlag.de
Umschlagfoto: Getty Images, München
Umschlaggestaltung: Sabine Schweda
Satz: DTP Brunnen
Herstellung: CPI – Ebner & Spiegel, Ulm
ISBN 978-3-7655-1978-9

Vorwort (John Eldredge)	5
1 – Das Herz einer Frau	7
2 – Die Schöne in Bedrängnis	40
3 – Geliebte Tochter	61
4 – Wer ist dieser Prinz?	77
5 – Willkommen im wirklichen Leben	94
Über die Autorin	111

JOHN ELDREDGE

Vorwort

Ich möchte Sie einladen: Tun Sie Ihrem Herzen etwas Gutes.

Wie? Lesen Sie dieses Buch.

Denn Ihr Herz ist entscheidend. Ja, es kommt auf Ihr Herz an. Das Leben einer Frau ist heutzutage angefüllt mit Anforderungen, Terminen, To-do-Listen. Es gleicht einem Wäschekorb, der überquillt von Erwartungen und Bedürfnissen anderer Leute. Ich habe eine Vermutung. Ich vermute, dass es lange her ist, seit Sie Ihrem Herzen, dem Herzen einer Frau, zum letzten Mal etwas Gutes getan haben.

Aber Gott wirbt um Sie. Gott möchte Sie verlocken: Nehmen Sie sich eine Auszeit. Nehmen Sie sich etwas Zeit für Ihr Herz. Weil es nicht egal ist. Wirklich. Ihr Herz ist entscheidend. Ihre Träume, Hoffnungen, Wünsche – sie alle sind entscheidend. Und sie haben eine Bedeutung für Gott. Er sagt es selbst: „Mehr als alles hüte dein Herz; denn von ihm geht das Leben aus" (Sprüche 4,23; EÜ).

Wir leben in einer Zeit, die unserem Herzen nicht guttut. Die Welt dreht sich in einem absurden Tempo. Die Kirche agiert in einem absurden Tempo. Wenn Sie endlich einmal alle Erwartungen erfüllt haben werden, die das Leben an Sie stellt, wird wenig Zeit, Raum und Kraft für Sie selbst übrig bleiben. Ganz zu schweigen von Ihrer Beziehung zu Gott.

Aber Sie können einen Anfang machen. Jetzt. Öffnen Sie Ihr Herz für die Worte dieses Buches. Worte, die Ihrem Herzen wohltun. Und rechnen Sie damit, dass sie Ihnen helfen, Gott und seine Liebe zu finden. Denn er will zu Ihrem Herzen reden. Wenn Sie ihm nur Raum geben. Das kann überall geschehen. Bei einer Tasse Kaffee am Morgen. In der Mittagspause. Stecken Sie dieses Buch in die Handtasche und ziehen Sie es heraus, während Sie auf den Bus warten oder darauf, dass die Kinder aus der Schule kommen. Es lässt sich überall lesen.

Vielleicht tut es Ihrem Herzen so gut wie ein Urlaubstag am Meer. Vielleicht wird es für Sie zu einem Geschenk von dem Einen, der Sie mit einer Liebe liebt, die nichts übertrifft.

KAPITEL 1

Das Herz einer Frau

Meine Lieblingsbücher als kleines Mädchen waren Märchenbücher. Schneewittchen, Aschenputtel, Dornröschen – Sie kennen sie alle. Ich liebte diese Geschichten, und die wunderschönen Bilder, die sie illustrierten, konnte ich stundenlang betrachten. Nein, mein eigenes Leben glich diesen Märchen nicht, ganz und gar nicht. Aber diese Märchen erzählten von einem Leben, das ich mir *wünschte,* das ich gern leben wollte. Sie weckten in meinem Herzen einen Sinn für das Geheimnis, einen Sinn für Schönheit, für Gefahr und Abenteuer. Und vor allem einen Sinn für Romantik, diese Sehnsucht nach einem Leben, das bis ans Lebensende „glücklich und zufrieden" gelebt wird. Und ich glaube nicht, dass es nur mir allein so geht. NUR EIN MÄRCHEN KANN DIESE SEHNSUCHT WECKEN, DIE TIEF IM HERZEN JEDES KLEINEN MÄDCHENS SCHLUMMERT. Manchmal reicht es aus, dass ich nur die Worte „Es war einmal" höre, um mich in dieses Märchenreich zu versetzen.

Schneewittchen zum Beispiel. Es ist die Geschichte eines entzückenden kleinen Mädchens – jedes kleinen Mädchens. Schneewittchen kommt zur Welt, und sie trägt ein Lied in ihrem Herzen und ein Licht in ihrer Seele, das aus ihren strahlenden Augen hervorleuchtet. Sie ist geschaffen für eine Welt voller Schönheit und Staunen, eine Welt, die sicher ist und geschützt. Sie ist geschaffen, um gewollt zu sein. Begehrt. Andere sollten an ihr Freude haben, sollten entzückt sein von ihr, sollten durch sie ermutigt werden. In einer Welt, in der sie durch die Liebe ge- und beschützt wäre, sollte sie aufwachsen und zu einer schönen, mutigen, begabten Frau reifen. ABER DIE WELT, IN DIE SIE HINEINKAM, SAH ANDERS AUS. Und die Welt, in die ich hineinkam, ebenfalls. Und Ihre Welt ebenfalls. Schneewittchen wird verraten. Sie verliert ihren Weg im Wald. Sie isst den vergifteten Apfel. O ja, der Prinz kommt schließlich. Allerdings erst nach einer langen Geschichte von Verrat und Leid. Und das ist der Teil der Geschichte, den wir als kleine Mädchen noch nicht verstehen. Aber wenn wir erwachsen sind, sehr wohl.

Das Herz einer Frau

Seit ich ein kleines Mädchen war, sind Jahrzehnte vergangen, und es scheint, als ob das Herz, das damals von der Welt der Märchen angerührt wurde, einer anderen Person gehört. In meinem Erwachsenenleben schien dafür kein Raum zu sein. Mein Hineinwachsen ins Frausein lässt sich mit einem Wort zusammenfassen: *Geschäftigkeit*. Das Geschäft des Lebens hielt mich in Atem. Ich arbeitete härter und strengte mich mehr an. Ich schlief weniger, nahm mir größere Ziele vor und scheiterte öfter. Und in der Kirche war es genauso. Was hörte ich? Streng dich mehr an. Sei mehr. Sei besser. Beachte diese sieben Schritte, diese 10 Lebensregeln, jene 12 Prinzipien. Ja, ich habe mich wirklich bemüht. Aber in all diesem Bemühen hatte ich nirgends das Gefühl, dass ich als Frau dadurch wuchs und reifte. ICH FÜHLTE MICH MÜDE. WIE SCHNEEWITTCHEN FIEL ICH IN EINEN TIEFEN SCHLAF – ZUMINDEST MEIN HERZ SCHLIEF.

Ich weiß, dass ich nicht die Einzige bin, der es so geht. ALS FRAUEN SEHNEN WIR UNS NOCH IMMER NACH INTIMITÄT UND ABENTEUER. WIR ALLE HABEN DEN HEIMLICHEN WUNSCH, DIE PRINZESSIN IN EINER GROSSEN GESCHICHTE ZU SEIN.

Aber diese Sehnsucht tief in unserem Herzen erscheint uns als Luxus, den eigentlich nur solche Frauen verdienen, die ihr Leben allein auf die Reihe kriegen. Uns anderen bleibt nur die Botschaft einer herzlosen Kultur oder aber einer herzlosen Kirche: *Strengt euch halt mehr an.* Und so begraben wir unser Herz und wurschteln uns weiter durch unseren Alltag.

Und das ist ganz gewiss nicht weise. Denn wie wir aus der Bibel wissen, ist das Herz entscheidend. „MEHR ALS ALLES HÜTE DEIN HERZ; DENN VON IHM GEHT DAS LEBEN AUS" (Sprüche 4,23; EÜ). Mehr als alles. Warum? Weil Gott weiß, dass unser Herz die Mitte unseres Seins ist. Hier wird unser eigentliches Wesen erkennbar. Ihr Herz, Ihr weibliches Herz, ist das, was Sie als Frau letztlich ausmacht.

Denken Sie einmal darüber nach: Gott hat Sie geschaffen – *als Frau.* „Gott schuf den Menschen als sein Abbild; als Abbild Gottes schuf er ihn. Als Mann und Frau schuf er sie"

{ 10 }

(1. Mose 1,27; EÜ). Was auch immer es bedeutet, Abbild Gottes zu sein, jedenfalls verkörpern Sie dieses Abbild *als Frau*. Weiblich. So und nicht anders sind Sie Gottes Ebenbild. Ihr weibliches Herz ist bei seiner Erschaffung mit der größten überhaupt denkbaren Würde ausgestattet worden: Es spiegelt Gottes Herz wider. SIE SIND FRAU MIT JEDER REGUNG IHRER SEELE, IM TIEFSTEN GRUND IHRES SEINS. Wenn Sie also herausfinden wollen, was Gott im Sinn hatte, als er die Frau als sein Abbild geschaffen hat – sprich: als er *Sie* als sein Bild geschaffen hat –, dann beginnt die Reise bei Ihrem Herzen.

Man kann es auch anders ausdrücken: DIE ENTDECKUNGSREISE BEGINNT BEI DER SEHNSUCHT.

Schauen Sie einmal hin, wenn kleine Mädchen spielen, und wenn Sie können, erinnern Sie sich: Wovon haben Sie als kleines Mädchen geträumt? Überlegen Sie, was für Filme Frauen lieben. Hören Sie in sich selbst und in die Herzen von Frauen, die Sie kennen, hinein: Wonach sehnt sich eine Frau? Wovon träumt sie? Jede Frau sehnt sich von Herzen nach drei Dingen:

Sie möchte umworben und begehrt werden.

Sie möchte an einem großen Abenteuer teilhaben und darin eine entscheidende Rolle spielen.

Und sie möchte, dass an ihr Schönheit offenbar wird, dass sie in ihrer eigenen Schönheit entdeckt, erkannt wird.

Das ist es, was eine Frau lebendig macht. Und das ist es, was die Märchen unserer Kindheit uns mitzuteilen versuchten.

Umworben werden

Wissen Sie, welche Bücher die Bestsellerlisten anführen? Historische Romane? Krimis? Kochbücher? Fehlanzeige. Die Bücher, die sich millionenfach drehen, sind Liebesromane. Geschichten von romantischer Liebe. Und ich meine damit nicht unbedingt Weltliteratur. Denken Sie eher an die Umschläge von Groschenromanen. Die üppige Schöne an der äußersten Kante einer gefährlichen Klippe, das Haar vom Wind zerzaust, die Kleider freizügig verweht ... und der rettende Held naht im Hintergrund. Wer kauft diese Romane?

Frauen. Wir kaufen sie. Denn sie sprechen etwas Zentrales im Herzen einer Frau an: unsere Sehnsucht, begehrt zu werden, gewonnen zu werden, unsere Sehnsucht, dass jemand für uns, um uns kämpft, unsere Sehnsucht, leidenschaftlich geliebt zu sein.

Nicht selten ist uns diese Sehnsucht peinlich. Wir spielen sie herunter, verstecken sie, machen uns darüber lustig. Und wenn diese Sehnsucht uns in Schwierigkeiten bringt und Schmerz verursacht, tun wir unser Bestes, diesen Wunsch in uns zum Schweigen zu bringen. ABER UNSERE SEHNSUCHT NACH LEIDENSCHAFTLICHER LIEBE WEIGERT SICH ZU STERBEN. Ja, wir können sie begraben, tief in uns verstecken. Aber sie verlässt uns nicht. Und das ist sehr gut. Denn unser Wunsch nach leidenschaftlicher Liebe ist nichts, wofür wir uns schämen müssten. Nein, es ist eine starke, gute, lebensgemäße Sehnsucht in unserem Herzen! IN DIESER SEHNSUCHT STECKT ETWAS DAVON, WIE WIR GOTTES EBENBILD SIND. Gott selbst liebt leidenschaftliche Liebe. Er hat sie schließlich geschaffen. Er erfand Sonnenuntergänge und Rosen und Musik und die Liebe zwischen Mann und Frau. „Wenn ihr mich von ganzem Herzen suchen werdet", sagt Gott, „so will ich mich von euch finden lassen" (Jeremia 29,13; L).

{ 13 }

GOTT MÖCHTE GESUCHT, ERSEHNT, UMWORBEN WERDEN. UND WIR ALS SEINE EBENBILDER EBENFALLS.

Natürlich: Leidenschaftliche Liebe ist nicht alles, was eine Frau sich wünscht. Und ich will ganz sicher nicht behaupten, dass eine Frau den Sinn ihres Daseins davon abhängig machen sollte, ob sie von einem Mann geliebt wird oder nicht. Und doch geht es darum, diese Sehnsucht in sich zu erkennen. SPÜREN SIE, DASS SIE DAS WOLLEN? Geliebt und begehrt werden, für einen anderen Menschen an erster Stelle stehen? Die meisten frauentypischen Süchte entwickeln sich dort, wo wir uns nicht geliebt und übersehen vorkommen. Irgendwo tief im Innern, vielleicht im Herzen versteckt oder begraben, möchte jede Frau wahrgenommen, gewollt, begehrt werden. Wir sehnen uns nach romantischer Liebe.

Eine entscheidende Rolle

Und wir wollen gebraucht werden. Wollen unersetzlich sein, wollen einen entscheidenden Beitrag leisten. Das Herz einer Frau wird nicht lebendig, wenn sie nur „nützlich" ist. Offensichtlich birgt auch das Herz einer Frau Kampfgeist und kühne Entschlossenheit. Sie müssen nur mal ihre Kinder, ihren Mann oder ihre beste Freundin beleidigen, dann bekommen Sie eine Ahnung davon. **AUCH EINE FRAU IST EINE KRIEGERIN.** Aber ihr Kampfgeist soll sich auf ganz eigene, weibliche Weise zeigen. Irgendwann einmal träumten die meisten jungen Frauen von einer Rolle in einem bedeutenden Geschehen, davon, Anteil zu haben an etwas Großem, etwas Bedeutendem – bevor die Alltagssorgen alles darangesetzt haben, diesen Wunsch zu töten. Bevor Zweifel und Selbstanklagen ins Spiel kommen, haben die meisten Mädchen eine Ahnung davon, dass es auf sie ankommt. Sie möchten glauben, dass etwas an ihnen unersetzlich und wichtig ist und ihr Beitrag verzweifelt benötigt wird.

Und trifft das nicht auch auf Gott zu? Er will gebraucht werden. Er möchte eine unersetzliche Rolle in unserem Leben spielen. Er möchte das Abenteuer des Lebens mit uns zusammen leben. Darum dreht sich die Große Geschichte, die die Bibel erzählt. Auch in diesem Punkt entspricht unser weibliches Herz dem Herzen Gottes.

Frauen lieben jede Art von Abenteuern. Sei

{ 15 }

es das Abenteuer Reiten (die meisten Mädchen sind zumindest zeitweise begeistert von Pferden) oder Fernreisen, Bühnenauftritte oder Kinderkriegen, ein Unternehmen gründen oder das Abenteuer, immer tiefer einzutauchen in das Herz Gottes: Wir sind wie geschaffen dafür, Teil eines großen Abenteuers zu werden. Eines Abenteuers, das wir *gemeinsam* erleben.

Manchmal erscheint uns die Vorstellung verlockend, ein Einsiedlerdasein zu führen. Keine Forderungen, keine Nöte, kein Beziehungsschmerz, keine Enttäuschungen. Aber das liegt an Verletzungen, die wir erlitten haben, und weil wir erschöpft sind. Im Innersten unseres Herzens, dort wo wir am meisten *wir selbst* sind, wollen wir die Gesellschaft anderer Menschen nicht lange fliehen. UNSER LEBEN IST DAZU DA, IN GEMEINSCHAFT GELEBT ZU WERDEN. Wir spüren das, wie ein Echo der Dreifaltigkeit. Wir sind als Abbild einer perfekten Beziehung geschaffen, und deshalb sind wir zuerst und zuletzt Beziehungswesen und von der Sehnsucht nach einer höheren Bestimmung erfüllt. Wir sehnen uns danach, beteiligt zu sein an etwas Größerem. Wir wollen eine unersetzliche Rolle in einem gemeinsamen Abenteuer spielen.

Schönheit will gesehen sein

Und schließlich ist da die Schönheit. Denken Sie an die Geschichten, die Sie lieben, die Filme, die Sie immer wieder ansehen. *Stolz und Vorurteil. Der Herr der Ringe. The Sound of Music. Schlaflos in Seattle.* Und dann fragen Sie sich, welche Rolle in diesen Filmen Sie gern hätten. SIE MÖCHTEN DIE UMWORBENE SCHÖNE SEIN, STIMMT'S? Die Frau, die nicht nur den edlen Helden verzaubert, sondern die auch alle anderen durch ihr goldenes Herz gewinnt und um sich herum Leben weckt. Die Frau, die Schönheit ausstrahlt: äußere Schönheit und innere Schönheit.

Deshalb spielen kleine Mädchen gern Verkleiden. Auch kleine Jungen verkleiden sich gern, aber anders. Unsere Söhne waren einige Jahre lang Cowboys. Oder Soldaten. Oder Jediritter. Aber sie wären nie auf die Idee gekommen, sich als Bräutigam oder Schmetterling oder Elfe zu verkleiden. Kleine Jungen behängen sich nicht mit Mamas Schmuck und stolzieren nicht auf Pfennigabsätzen herum. Sie beschäftigen sich auch nicht stundenlang damit, sich gegenseitig immer neue Frisuren zu machen.

{ 17 }

Erinnern Sie sich an weite, schwingende Röcke? Die meisten Mädchen machen eine Phase durch, in der Kleider und Röcke schwingen müssen (und wenn dann auch noch etwas glitzert, umso besser). Man kann Mädchen endlose Stunden beschäftigen, wenn man ihnen nur eine Kiste voller Hüte, Schals, Ketten und Kleider gibt. Pfennigartikel werden zu kostbaren Juwelen, abgetretene Pumps verwandeln sich in gläserne Tanzschuhe. Großmutters Nachthemd wird zum Ballkleid. So ausstaffiert tanzen sie durchs ganze Haus oder posieren vor dem Garderobenspiegel. IHRE JUNGEN HERZEN VERLANGEN INTUITIV NACH BESTÄTIGUNG, DASS SIE LIEBENSWERT SIND. Manche werden das auch direkt in Worte kleiden: „Bin ich schön?" Andere fragen stumm mit den Augen. Ob mit oder ohne Worte, ob im schimmernden Kleid oder dreckverschmiert, alle kleinen Mädchen wollen es wissen.

Denken Sie an Ihren Hochzeitstag – oder an die Hochzeit, von der Sie träumen. Wie wichtig ist Ihnen das Brautkleid? Würden Sie sich den erstbesten Fummel anziehen, den Sie im Kleiderschrank zu fassen kriegen, sich „irgendetwas" überwerfen? Eine Freundin von uns wird demnächst heiraten. Nun kann diese junge Frau schon auf eine ganze Sammlung von Beziehungskatastrophen zurückblicken. Entsprechend gezeichnet ist ihr ganzes Auftreten. Aber als sie uns erzählte, wie sie Brautkleider anprobierte und nach dem einen, richtigen suchte, da schwanden die Spuren ihrer Niedergeschlagenheit, und sie strahlte. „ICH FÜHLTE MICH WIE EINE PRINZESSIN", sagte sie fast schüchtern. Ist es nicht genau das, wovon auch Sie einmal geträumt haben?

Natürlich ist es mir bewusst, dass der Wunsch nach Schönheit vielen Frauen unermesslichen Kummer beschert hat (wie viele Diäten haben Sie schon hinter sich?). Ungezählte Tränen sind vergossen worden, ungezählte Herzen zerbrochen unter dem Schönheitsdiktat. Schönheit wird überschätzt und angebetet und ist damit für die meisten von uns außer Reichweite. Zahllose Frauen haben erlebt, dass Schönheit mit Scham verbunden ist, dass sie ausgenutzt und missbraucht wird. Manche wissen aus leidvoller Erfahrung, dass Schönheit gefährlich sein kann. Und dennoch ist das Erstaunliche: All dem Leid und Elend zum Trotz, das Schönheit bei uns Frauen verursacht hat – DIE SEHNSUCHT NACH SCHÖNHEIT BLEIBT UNGEBROCHEN.

Und es geht dabei *nicht nur* um den Wunsch nach äußerlicher Schönheit, sondern vielmehr um die Sehnsucht, eine im Kern unseres Wesens gewinnende Person zu *sein*. Aschenputtel ist schön, das ist schon richtig, aber außerdem ist sie auch noch gut. Ihre äußerliche Schönheit wäre hohl ohne die Schönheit und Güte ihres Herzens. Wir lieben sie, weil sie beides vereint.

Ruth ist vielleicht eine attraktive, starke Frau gewesen, aber was Boas letztlich für sie einnimmt sind ihr beharrlicher Mut, ihre Verletzlichkeit und ihr Vertrauen auf Gott. Esther ist die mit Abstand schönste Frau im Land, aber es sind ihre Tapferkeit und ihr überwältigend gutes Herz, die den König bewegen, ihre Landsleute zu verschonen. Hier geht es also nicht um feine Stoffe und um Kosmetik. Schönheit ist so wichtig, dass wir in diesem Buch wieder und wieder darauf zurückkommen werden. Für den Moment reicht es festzuhalten, dass jede Frau gerne wahrgenommen, *gesehen* werden will und sich danach sehnt, attraktiv und fesselnd zu sein. WIR WÜNSCHEN UNS EINE SCHÖNHEIT, DIE BEGEHRENSWERT IST, UM DIE UND FÜR DIE ES SICH ZU KÄMPFEN LOHNT, EINE SCHÖNHEIT, DIE UNSER WAHRES WESEN SICHTBAR MACHT.

Eine Einladung

Die Sehnsüchte, die Gott tief in Ihrem Herzen verankert hat, sind aus gutem Grund da. Sie erzählen Ihnen etwas Entscheidendes darüber, was es bedeutet, eine Frau zu sein. Sie weisen auf das Leben hin, das Gott Ihnen zugedacht hat. Gott hat diese Ursehnsüchte nicht deshalb in uns hineingelegt, damit sie uns quälen. Ganz bestimmt nicht. Sie sollen uns vielmehr als Wegweiser dienen. Sie sollen uns dazu verlocken, uns auf eine Entdeckungsreise zu begeben: auf eine Suche danach, wie wir von Gott gedacht sind und wie das Leben aussehen könnte, das er sich für uns vorstellt. Für mich und für Sie.

> Freue dich über den Herrn;
> er wird dir alles geben,
> was du dir von Herzen wünschst.
> PSALM 37,4

Schneewittchen wird erst sie selbst, nachdem der Prinz erschien, um sie ins Leben zurückzuholen. Sie wacht nicht nur aus ihrem Todesschlaf auf. Sie erwacht in ein neues Leben an der Seite des Prinzen, in ein Leben, in der ihr keine Gefahr und kein Übel mehr drohen. Wir brauchen eine ähnliche Erfahrung. Wir brauchen diesen Retter, der uns aufweckt und uns durch seine Liebe heilt und lebendig macht. Jesus ist dieser Retter. Denn genau dazu ist er gekommen. Und er sagt zu uns: „Mit ewiger Liebe habe ich dich geliebt" (Jeremia 31,3). „Du hast mich verzaubert, mein Mädchen, meine Braut! Mit einem einzigen Blick hast du mein Herz geraubt" (Hoheslied 4,9).

Ich habe eine wirklich gute Nachricht für Sie: MÄRCHEN SIND WAHR. Deshalb haben wir sie ja als kleine Mädchen so geliebt (und, wenn wir ehrlich sind, tun wir das noch heute): Sie reden zu uns von dem Geheimnis unseres Herzens; sie möchten uns die wahre Geschichte enthüllen, für die wir geschaffen sind. Aber um das Leben zu finden, von dem wir träumen, müssen wir – wie Dornröschen – wachgeküsst werden. WIR MÜSSEN LERNEN, NEU ZU SEHEN.

Die Schöne und das Biest

Es ist mal wieder diese bestimmte Zeit im Monat, und ICH WÄRE GERN DIE SCHÖNE IN DER GESCHICHTE. ABER ICH BIN DAS BIEST. Wenn meine Familie klug ist, geht sie mir heute besser aus dem Weg. Ich erlebe gerade jene Tage, die jeden Monat mit schöner Regelmäßigkeit wieder anrollen, an denen meine Söhne mich freundlicherweise mit „Hausdrachen" betiteln. Sie sagen es mit einem … Lächeln. Sie nehmen ihr Leben selbst in die Hand. (Ihr nennt mich Hausdrachen? Ich werde euch zeigen, was ein Hausdrachen ist! Kommt her, auf der Stelle! Warum ist das Geschirr noch nicht weggeräumt? Das wird jetzt erledigt! Und dann sofort an die Hausaufgaben! Und wischt euch dieses hinterhältige Grinsen aus dem Gesicht, aber plötzlich!)

Ich frage Sie: Ist es zuviel verlangt zu erwarten, dass Leute sich an Geschwindigkeitsbegrenzungen halten? Und wissen Autofahrer heute überhaupt noch, dass sie einen Blinker am Fahrzeug haben, um einen Richtungswechsel anzuzeigen? Wenn du den letzten Keks aus der Schachtel nimmst, ist es wirklich so schwer, dann die Schachtel in den Mülleimer zu werfen? *Ja, meine Hormone spielen verrückt.* Ja, ich empfinde alles ein wenig extremer als an den restlichen 28 Tagen des Monats. Aber das bedeutet nicht, dass meine Empfindungen nicht real wären.

Zu oft habe ich meine Gefühle kleingeredet und nicht ernst genommen. Meine Traurigkeit, meinen Zorn auf die Hormone geschoben – statt sie ernst zu nehmen und mich selbst samt meinen „Stimmungen" Gott in die Arme zu werfen und ihn um Hilfe zu bitten. SIEHST DU, GOTT, IN DIESER SCHÖNEN GIBT ES EIN BIEST, UND DAS IST VERDAMMT LEBENDIG. UND ES MUSS VERWANDELT WERDEN, ES MUSS ERLÖST WERDEN. Wie gut, dass Gott in Jesus genau diese Möglichkeit geschaffen hat. Wie gut, dass meine Seele genau das erfährt, wenn sie in der Liebe Gottes zur Ruhe kommt.

Ich will nicht das Biest sein. Ich möchte die Prinzessin sein. Noch nicht einmal ich bin gern mit mir zusammen, wenn ich voller negativer Gefühle stecke. Dann bin ich nicht die, die ich gern sein möchte. WENN ICH EINEN WUTANFALL HABE, VERLIERE ICH JEDE HOFFNUNG, DASS ICH JEMALS DIE FRAU WERDEN KÖNNTE, DIE ICH DOCH SO GERN SEIN WILL. Wie Sie habe ich ein Herz voller Sehnsucht. Ein Herz voller tiefer, echter Wünsche, von denen einige so zerbrechlich sind, dass es zu riskant wäre, sie auch nur mit einem leisen Luftzug in Berührung zu bringen. Sehr deutlich spürbar ist da diese tiefe Sehnsucht nach Gott. Und mein Wunsch, meine

{ 24 }

eigene, unverwechselbare Rolle in einem gemeinsamen großen Abenteuer zu spielen, in der ich meine Kraft und meine Schönheit einsetzen kann – zum Wohl des Ganzen. Ich wäre mir gern in jedem Moment meines Lebens gewiss, dass ich zutiefst geliebt bin. Aber leider fehlt mir diese Gewissheit oft.

Mir fällt ein Wort von Pascal ein. Er nennt unsere unerfüllten Sehnsüchte und die Wünsche, die offenbleiben, „das Elend eines entthronten Monarchen". Auch dies ist ein Hinweis darauf, dass Märchen tiefe Wahrheiten enthalten. Alle Menschen gleichen einem König oder einer Königin im Exil, die erst dann glücklich sein können, wenn sie ihren wahren Platz wieder eingenommen haben. Was glauben Sie, wie sich eine Königin oder eine schöne Prinzessin fühlt, die sich als Waschfrau in einem fremden Land wiederfindet? Die ungeheure Leere, die wir in uns spüren, verweist auf die bedeutende Position, die uns zugedacht *war*. Es ist wahr. All diese Legenden und Märchen von der heimlichen Prinzessin und von der Schönen, die unerkannt in der Gesindestube lebt, beschreiben die Lage genauer, als uns oft bewusst ist. Und es gibt einen Grund dafür, dass diese Geschichten in uns unweigerlich ein Echo finden.

Und der Grund liegt in der Geschichte von unserer Erschaffung.

Die Krone der Schöpfung

Die Geschichte findet sich im 1. Buch Mose, Kapitel 1-3. (Vielleicht lesen Sie diesen Text noch einmal, bevor Sie weiterlesen.) Und wenn Sie sie lesen oder sich daran erinnern, dann achten Sie einmal auf Folgendes: Die Schöpfung entfaltet sich in einer bestimmten Abfolge. Die formlose Leere des Anfangs nimmt langsam Gestalt an. Gott ist der Künstler. Mit Leidenschaft und Genialität arbeitet der Schöpfer, weite Pinselschwünge auf einer Leinwand von gewaltigen Dimensionen. Grobe Strukturen werden erkennbar: Licht und Finsternis, Meer und Land, Himmel und Erde. Danach kümmert er sich um Einzelheiten: Farben, Schattierungen, feinere Linien.

Aber mit Voranschreiten des Werks fügt Gott immer mehr Feinheiten und Details hinzu. Er erschafft die Ozeane und setzt ihnen Grenzen; dann füllt er sie mit einer staunenswerten Vielfalt an Geschöpfen. Korallen. Delfine. Eisvögel. Wale! Er erschafft das Land und setzt Pflanzen darauf, Bäume und Vögel, die darin

{ 26 }

Nester bauen. Schon ein Grashüpfer ist ein Wunderwerk; aber was ist ein Grashüpfer gegen ein Wildpferd?

Dann passiert etwas ganz Erstaunliches.

Gott setzt sein Ebenbild in die Welt. Er erschafft ein Wesen, das ihm ähnlich ist. Er erschafft einen Sohn.

> Da nahm Gott Erde, formte daraus den Menschen und blies ihm den Lebensatem in die Nase. So wurde der Mensch lebendig.
>
> 1. MOSE 2,7; HFA

Der sechste Tag nähert sich seinem Ende, und damit ist auch das großartige Werk des Schöpfers fast komplett. Fast, denn nun erscheint Adam, Gottes Ebenbild. Mit diesem Geniestreich vollendet Gott sein Werk. Nur von ihm heißt es, dass er ein „Kind Gottes" ist. Nichts in der Schöpfung kommt ihm gleich. Malen Sie sich Michelangelos *David* vor Augen: Er ist ... perfekt. **JETZT FEHLT DEM MEISTERWERK WIRKLICH NICHTS MEHR. UND DOCH, DER MEISTER IST NOCH NICHT ZUFRIEDEN.** Zumindest er vermisst noch etwas ... Und dieses Etwas ist Eva.

> Da ließ Gott, der Herr, einen tiefen Schlaf über den Menschen kommen, entnahm ihm eine Rippe und verschloss die Stelle wieder

{ 27 }

mit Fleisch. Aus der Rippe formte er eine Frau und brachte sie zu dem Menschen.

1. MOSE 2,21-23; HFA

EVA IST DER SCHLUSSAKKORD, DAS LETZTE, ERSTAUNLICHSTE WERK GOTTES. DIE FRAU. Die Schöpfung findet ihren Höhepunkt nicht in der Erschaffung von Adam, sondern von Eva. *Sie* ist der geniale letzte Pinselstrich des Meisters. Denken Sie an die antike griechische Skulptur der Nike von Samothrake oder an die geflügelten Schönheiten am Bug von mächtigen Schiffen. EVA IST ... ATEMBERAUBEND.

Welche Botschaft hat Eva für uns?

Evas Geschichte birgt reiche Schätze, die es zu heben gilt. Das Wesen und die Bestimmung einer Frau werden hier, in der Geschichte von ihrer Erschaffung, erkennbar. AUCH WIR FRAUEN TRAGEN DAS BILD GOTTES. Aber wir verkörpern es auf eine Weise, wie es nur das Weibliche vermag. Gott wollte etwas von sich selbst offenbaren, deshalb hat er uns Eva gegeben. Was können wir von Eva lernen? Wenn Sie mit einer Frau zusammen sind, fragen Sie sich einmal: *Was verrät sie mir über Gott?*

Erstens werden Sie entdecken, dass Gott durch und durch beziehungsorientiert ist. Dass er eine romantische Ader hat. Zweitens sehnt sich auch Gott danach, mit uns zusammen Abenteuer zu erleben – Abenteuer, die Sie ohne ihn nicht bestehen können. Und schließlich möchte Gott seine eigene Schönheit offenbaren. Eine bezaubernde, machtvolle und erlösende Schönheit. ROMANTIK, ABENTEUER, SCHÖNHEIT – WIE IM MÄRCHEN.

Romantik und Beziehungen

Das tiefe Verlangen nach Beziehungen und der Raum, den eine Frau vertrauensvollen Beziehungen gibt, erzählen uns etwas über Gott. Über sein Verlangen nach Beziehungen und darüber, welche Bedeutung er Beziehungen beimisst. Das ist vielleicht sogar *das Wichtigste überhaupt*, was wir über Gott erfahren können: Er sehnt sich nach Beziehung – nach einer Beziehung zu uns. „Das allein ist ewiges Leben: dich, den einen wahren Gott, zu erkennen" (Johannes 17,3; Hfa). DIE BIBEL IST EINE EINZIGE GROSSE LIEBESGESCHICHTE ZWISCHEN GOTT UND SEINEN LEUTEN. Er verlangt nach uns. Unser Leben *interessiert ihn*. Er hat ein gütiges Herz.

Ich gebe ihnen ein verständiges Herz, damit sie erkennen, dass ich der Herr bin. Sie werden mein Volk sein, und ich werde ihr Gott sein, von ganzem Herzen werden sie zu mir umkehren.

JEREMIA 24,7; HFA

Wie gut zu wissen, dass das Universum, in dem wir leben, in seinem innersten Kern auf Beziehungen angelegt ist. DASS UNSER GOTT EIN HERZLICHER, MITFÜHLENDER GOTT IST, DER SICH NACH EINEM ENGEN VERHÄLTNIS MIT UNS SEHNT. Wenn Sie irgendeinen Zweifel daran haben, dann betrachten Sie einfach die Botschaft, die er uns in der Frau übermittelt. Erstaunlich. Gott sehnt sich nicht nur *nach* uns, sondern er möchte zudem auch noch *von* uns geliebt werden.

Kann es noch einen Zweifel daran geben, dass Gott geliebt werden will? Das erste und größte Gebot lautet: „Liebe Gott" (Markus 12,29f; Matthäus 22,36-38). GOTT SEHNT SICH DANACH, DASS WIR IHN LIEBEN. Dass wir von ganzem Herzen nach ihm verlangen.

Auch eine Frau möchte, dass der Geliebte von ganzem Herzen nach ihr verlangt. Gott möchte *begehrt* werden, so wie eine Frau sich danach sehnt, begehrt zu werden. Diese tiefe

{ 30 }

Sehnsucht einer Frau, begehrt zu werden und begehrt zu sein, ist nicht etwa ein Ausdruck von Schwäche oder von Unsicherheit. Es ist ein Ausdruck ihrer Gottebenbildlichkeit. Gott empfindet ebenso. Denken Sie an die Geschichte von Maria und Marta. Maria hat die Nähe zu Jesus gewählt, und Jesus sagt sinngemäß: *Genau das* will ich. „Maria hat das Bessere gewählt" (Lukas 10,42). Sie hat *mich* gewählt.

DAS LEBEN VERÄNDERT SICH DRASTISCH, WENN DIE LIEBE EINZUG HÄLT. Auch der christliche Glaube ändert sich drastisch, sobald wir entdecken, dass es auch hier um eine leidenschaftliche Liebesbeziehung geht. Dass es Gottes Sehnsucht ist, ein Leben voller Schönheit, Intimität und Abenteuer mit uns zu teilen. Eva – Gottes Botschaft an die Welt in weiblicher Form – lädt uns ein zu einer Liebesbeziehung. Diese Welt wurde als Schauplatz einer Romanze erschaffen – die Flüsse und die Täler, die Wiesen und die Strände. Blumen, Musik, ein Kuss. Aber wir schaffen es, all das zu vergessen, uns in Arbeit und Sorgen zu verlieren. **GOTT SELBST MACHT DIE LIEBE ZUR PRIORITÄT IN SEINEM UNIVERSUM, INDEM ER EVA ERSCHAFFT.**

Ein gemeinsames Abenteuer

Evas Würde und Adel bestehen in ihrer Beziehungsfähigkeit – aber das ist noch nicht alles, was ihr Wesen ausmacht. Unmittelbar nach ihrer Erschaffung gibt Gott seinem Ebenbild einen Auftrag:

> Dann sagte Gott: „Jetzt wollen wir den Menschen machen, unser Ebenbild, das uns ähnlich ist. Er soll über die ganze Erde verfügen: über die Tiere im Meer, am Himmel und auf der Erde."
>
> So schuf Gott den Menschen als sein Ebenbild, als Mann und Frau schuf er sie.
>
> Er segnete sie und sprach: „Vermehrt euch, bevölkert die Erde, und nehmt sie in Besitz! Ihr sollt die Macht haben über alle Tiere: über die Fische, die Vögel und alle anderen Tiere auf der Erde."
>
> 1. Mose 1,26-28; HFA

Das könnte man als Daseinszweck des Menschen bezeichnen: All das sein und all das tun, wozu Gott uns beauftragt hat. Und haben Sie es bemerkt: Der Auftrag, sich zu vermehren und die Erde in Besitz zu nehmen und sie zu verwalten, ergeht an Adam *und* an Eva. Gottes Auftrag ergeht im Plural. Er vertraut die Erde *auch* Eva an. Ihr kommt eine entscheidende Rolle zu; sie ist beteiligt an dem großen Abenteuer. ALLES, WAS MENSCHEN HIER AUF DER ERDE TUN SOLLEN, DAS SOLLEN SIE ALS MANN UND FRAU GEMEINSAM TUN: KREATIV SEIN, ERKUNDEN UND ENTDECKEN, ERKÄMPFEN UND RETTEN UND HERANZIEHEN. Genau genommen wird Eva nicht nur eben auch gebraucht; nein, ihr Beitrag ist *unverzichtbar*.

Diese Sehnsucht im Herzen einer Frau, das Leben und ein großes Abenteuer mit jemandem zu teilen, kommt direkt aus dem Herzen Gottes. Auch er sehnt sich danach. Er möchte nicht eine Option unter anderen für uns sein. Er möchte nicht nur Anhängsel sein, nicht nur Begleitprogramm. Damit wäre auch keine Frau zufrieden.

GOTT IST UNVERZICHTBAR. Eva – als sein Ebenbild – ist unverzichtbar. Sie hat eine unersetzliche Rolle zu übernehmen. Deshalb sind Frauen zu bedingungsloser Hingabe fähig, deshalb sind sie mit erstaunlicher Leidensfähigkeit ausgestattet und mit einer Vision, wie die Welt ein wohnlicherer Ort wird.

AN ALLEN BEDEUTENDEN VORHABEN GOTTES WAREN FRAUEN ENTSCHEIDEND BETEILIGT. Ja, es war Mose, der Israel aus Ägypten führte. Aber

{ 33 }

nur deswegen, weil seine Mutter zuvor ihr Leben riskiert hatte, um ihn zu retten. Etwas näher an unserer Zeit war es eine Clara Barton, die den Anstoß gab zur Gründung des Roten Kreuzes. Harriet Beecher Stowe gab mit ihrem Roman *Onkel Toms Hütte* einen entscheidenden Anstoß zur Abschaffung der Sklaverei in den USA. Rosa Parks brachte durch einen unspektakulären Akt von Zivilcourage die Bürgerrechtsbewegung in Gang. Mutter Teresa inspirierte die ganze Welt, indem sie schlicht und einfach kleine Gesten der Liebe gegenüber Menschen anbot, die niemand liebenswert fand. Und jeden Tag verändern zahllose unbekannte Frauen die Welt ein wenig zum Guten, indem sie schlicht und einfach Gottes Liebe in ihrer Umgebung weitergeben.

Schönheit, die sich zeigen will

Für Gott ist Schönheit wesentlich. Besser gesagt: Schönheit ist das Wesen Gottes.

Der Grund dafür, dass Frauen sich danach sehnen, in ihrer eigenen Schönheit entdeckt zu werden, dass sie fragen: „Gefalle ich dir?", ist einfach der, dass Gott dasselbe tut. GOTT IST SCHÖN, FASZINIEREND SCHÖN. David betet:

„Nur eines erbitte ich vom Herrn, danach verlangt mich: ich will im Haus des Herrn wohnen alle Tage meines Lebens und die Schönheit des Herrn schauen" (Psalm 27,4; Hfa). Kann noch ein Zweifel daran bestehen, dass Gott tatsächlich *verehrt* werden will? Angebetet? Dass er bewundert werden will, dass er uns faszinieren und bezaubern will mit dem, was wir da erblicken?

Damit uns das ein für alle Mal klar wird, hat Gott uns Eva gegeben. Den krönenden Abschluss der Schöpfung. **SCHÖNHEIT IST DAS WESEN EINER FRAU.** Und um das unmissverständlich deutlich zu machen: Schönheit umfasst immer beides: körperliche Schönheit *verbunden mit* einer Schönheit der Seele, der Person, des Wesens. Das eine hängt ab vom und entspringt dem anderen.

Ja, die Welt verramscht und prostituiert Schönheit, indem sie sie lediglich auf eine willkürlich definierte perfekte Figur reduziert, mit der nur wenige Frauen dienen können. Aber auch Christen reduzieren Schönheit gern, oder sie vergeistlichen sie in unangemessener Weise, und dann ist nur noch von „Charakter" die Rede. Wir müssen der Schönheit wieder zu ihrem Recht verhelfen. Die Kirche muss sie

{ 35 }

wiederentdecken. Schönheit ist zu wichtig, als dass wir auf sie verzichten könnten.

GOTT HAT EVA EINE SCHÖNE GESTALT UND EINEN SCHÖNEN GEIST GEGEBEN. In beidem verkörpert sie Schönheit. Sie bringt Schönheit einfach dadurch zum Ausdruck, dass sie Frau ist. SCHÖNHEIT IST IHR WESEN, SO WIE GOTTES WESEN SCHÖNHEIT IST.

Schönheit redet

Und was ist die Botschaft der Schönheit? Stellen Sie sich vor, wie es ist, wenn Sie seit über einer Stunde im Stau stecken. Ungeduldiges Hupen, Menschen beschimpfen einander. Die Scheiben beschlagen von innen, die Luft ist zum Ersticken. Und nun eine andere Vorstellung: Sie sind an einem schönen Platz, in einem Garten oder auf einer Wiese oder an einem einsamen Strandabschnitt. IN DER SCHÖNHEIT DER NATUR HAT IHRE SEELE RAUM, KANN WEIT WERDEN. Sie können wieder atmen. Sie können entspannen. Alles ist gut. Ich sitze an einem Sommerabend draußen und mache nichts – spitze nur die Ohren und sauge alle Eindrücke auf, und mein Herz wird still und Friede zieht in meiner Seele ein. Mein Herz sagt mir, dass

„alles gut wird", wie Juliana von Norwich es ausgedrückt hat, „und auch das Wesen aller Dinge wird gut."

DAS IST DIE BOTSCHAFT DER SCHÖNHEIT AN UNS. ALLES WIRD GUT.

Und eben diese Botschaft vermittelt auch die Gegenwart einer in sich ruhenden Frau, einer Frau, die sich mit ihrer weiblichen Schönheit wohlfühlt. Man ist gern bei ihr. Sie ist liebenswert. In ihrer Gegenwart hält das Herz nicht länger die Luft an. Sie entspannen sich und können wieder glauben, dass alles gut wird. Und deshalb wirkt eine rastlose, getriebene Frau so verstörend auf uns. Denn eine Frau, die nicht zutiefst in sich selbst ruht, signalisiert der Welt: „Es ist eben nicht alles gut. Die Dinge laufen aus dem Ruder." „Ein zornig Weib ist gleich getrübter Quelle", so drückt es Shakespeare aus, „unrein und sumpfig, widrig, ohne Schönheit." WIR BRAUCHEN DIE BOTSCHAFT DER SCHÖNHEIT. Was sie sagt, ist nur schwer in Worte zu kleiden. Aber ein wichtiger Teil dieser Botschaft ist: *Alles ist gut. Alles wird gut.*

Was immer Weiblichkeit sonst noch bedeutet – Weiblichkeit ist in jedem Fall Tiefe und Geheimnis und Vielschichtigkeit, und im Kern ihres Wesens ist sie Schönheit.

Aber damit nun keine Verzweiflung ausbricht, sei an dieser Stelle unmissverständlich gesagt:

Jede Frau verfügt über eine Schönheit, die sie der Welt schenken kann.

Jede Frau.

Denn sie trägt das Bild Gottes. Sie muss diese Schönheit nicht beschwören, nicht im Kosmetiksalon kaufen, ihr nicht durch plastische Chirurgie oder Implantate nachhelfen. Denn SCHÖNHEIT IST DAS WESEN, DAS JEDER FRAU BEI IHRER ERSCHAFFUNG VERLIEHEN WIRD.

Geschaffen für die Schönheit

Was mich an den Märchen und Legenden sehr ermutigt, ist die Tatsache, dass das Biest am Ende erlöst wird und dass die Prinzessin nicht selten zu Anfang unerkannt ist und die Fußböden schrubbt oder die Erbsen aus der Asche klaubt. Ja, wir sind für die Schönheit geschaffen. Wir sind geschaffen, um die Prinzessin in der Geschichte zu sein. Und wie der Prinzessin, der tugendhaften Schönen im Märchen ist uns Unrecht geschehen. WIR SIND NICHT, WAS WIR SEIN SOLLTEN. ABER DAS IST NICHT DAS ENDE DER GESCHICHTE. Bei weitem nicht. Gott wollte, dass wir sein Bild in dieser Welt tragen – als

Frauen. Als Frauen mit unserer Stärke, mit unserem Kampfgeist ebenso wie mit unserer Zärtlichkeit, unserem Erbarmen, unserer Schönheit. Als Frauen mit einem weiblichen Herzen. Dieses weibliche Herz will Jesus befreien, heilen, erlösen.

Das Beste am christlichen Evangelium ist, dass es eine Botschaft der Wiederherstellung ist, der Erneuerung. **JESUS GEHT ES NICHT DARUM, IHR HERZ ZU VERFÜHREN UND DANN WEGZUWERFEN; ER MÖCHTE ES HEILEN UND BEFREIEN UND ERNEUERN.** Denn Ihr Herz ist der Ort, an dem Sie sein Ebenbild verkörpern. Und Ihr Herz ist der Ort, von dem das Leben ausgehen sollte.

KAPITEL 2

Die Schöne in Bedrängnis

Als ich ungefähr fünf Jahre alt war, besuchte ich mit meinen Eltern meine Großeltern, die Eltern meines Vaters. Diese Großeltern waren sehr korrekte Leute. Beim Essen musste man gerade sitzen. Man sprach nur, wenn man gefragt wurde – und selbst dann nur in gebührend respektvollem Ton. Und ich, in meinem kindlichen Überschwang, kletterte auf den Esstisch im Wohnzimmer und gab dort mein gesamtes Repertoire an Gesangskünsten zum Besten, das mir mit meinen fünf Jahren zu Gebote stand. Ich bot damit nicht nur meinen Großeltern einen Blick darauf, wer ich bin. **ICH STELLTE IHNEN ZUGLEICH DIE FRAGE DANACH, WER ICH BIN.**

Jedes kleine Mädchen stellt eine grundlegen-

{ 40 }

de Frage, eine Frage, die unbedingt beantwortet werden muss. Auch kleine Jungen stellen diese Grundfrage. Bei ihnen lautet sie: *Hab ich es drauf? Habe ich das Zeug dazu, ein echter Mann zu werden?* All das raue Gehabe, die Angeberei und das Supermann-Gebaren ist nichts anderes als der Versuch des Jungen, zu beweisen, dass er ein ganzer Kerl ist. Er ist das Ebenbild eines kämpferischen, tatkräftigen Gottes. Fast alles, was ein Mann tut, entspringt seiner Suche nach Bestätigung, jenem Verlangen nach einer befriedigenden Antwort auf seine Frage aller Fragen.

Kleine Mädchen wollen etwas anderes wissen: BIN ICH LIEBENSWERT? SIEHST DU MICH? WIRST DU FÜR MICH KÄMPFEN? Die schwingenden Röcke, das Verkleiden, der Wunsch, sich hübsch zu machen und zu zeigen – bei alledem geht es darum, eine Antwort auf unsere Frage zu finden. Als ich da auf dem Kaffeetisch stand und mir das Herz aus dem Leib sang, hungerte ich nach Aufmerksamkeit – vor allem nach der Aufmerksamkeit meines Vaters. ICH WOLLTE SCHÖN SEIN, LIEBENSWERT, BEZAUBERND. WIR ALLE WOLLEN DAS. Und noch als Erwachsene beherrscht uns in fast allem, was wir tun, die Suche nach einer Antwort auf unsere Frage.

Denn das Leben verlief nicht so, wie es sollte. Für keine von uns. Erinnern Sie sich an Schneewittchen?

Das Ende der Unschuld

Es erging ihr böse. Ihr junges Leben machte Bekanntschaft mit Neid, Eifersucht, Bosheit. Körper und Seele erfuhren Schläge – und das von eben den Menschen, die eigentlich Schutz und Geborgenheit hätten geben sollen. Viel zu früh brach ihre Welt zusammen, und sie wusste, sie war nicht länger geborgen und geschützt. Und UM IHR LEBEN ZU SCHÜTZEN, SCHICKTE SIE IHR HERZ INS EXIL.

Das Märchen von Schneewittchen ist die Geschichte jeder Frau. Die Details mögen variieren, die Umstände etwas anders sein, aber das Thema ist dasselbe. Es ist die Geschichte unseres Lebens.

Von der Stiefmutter aus dem Haus getrieben, irrt Schneewittchen (die wahre Prinzessin) allein durch die Wälder. Zwar war ihr Leben verschont worden, aber wie soll sie überleben? Das Schicksal kommt ihr zu Hilfe, und sie findet eine Bleibe im Haus der sieben Zwerge. DORT KEHRT IHR HERZ ALLMÄHLICH INS LEBEN

{ 42 }

ZURÜCK. Sie singt bei der Arbeit. Sie freut sich an der Schönheit um sie herum. Gelegentlich wagt sie sogar einen Tanzschritt! Die Hoffnung kehrt in ihr Herz zurück. Aber während sie sich ihren Platz im Leben langsam erobert, taucht – verkleidet – die böse Stiefmutter auf und überreicht ihr tödliches Gift.

Tödliches Gift in Gestalt eines schönen, verlockenden Apfels. Schneewittchen erkennt das Gift in der Frucht ebenso wenig, wie sie in der armen Alten die Stiefmutter erkennt, die ihren Tod will. (Die Stiefmutter, die den Auftrag gegeben hatte, Schneewittchen zu töten und zum Beweis *ihr Herz* in einer Schachtel verlangte!) Schneewittchen isst den Apfel – und das Gift tut seine Wirkung.

DAS GIFT TUT SEINE WIRKUNG IN UNS ALLEN. Zu allen Zeiten. Wir schlucken es, weil wir es nicht als das erkennen, was es ist. Wenn es doch nur durch die Hand einer gebückten Alten verabreicht würde, die uns einen Apfel anbietet. Aber leider ist es nicht so offensichtlich. Uns wird das Gift auf andere Weise verabreicht. Durch Sätze. Durch Worte. Worte von Menschen, die wir lieben, und von Menschen, die wir nicht lieben. Anklagende Sätze, die wir schon hören, wenn wir noch klein sind. Namen, die man uns gab und die uns sagen, wer wir als Frauen wirklich sind – und wer wir niemals sein werden. Diese Sätze, diese Worte verletzen schlimmer als die Schrammen und Brüche, die wir uns bei unseren Kinderspielen zuziehen. Knochen heilen wieder zusammen. Aber GIFTIGE WORTE ZERSTÖREN UNSER HERZ; sie vergiften uns von innen und richten unermessliches Unheil an.

Manchmal wird uns das Gift auch durch ein Erlebnis verabreicht, einen Verrat, einen Angriff. ABER WAS UNS WIRKLICH TÖTET, IST DAS URTEIL, DAS WIR ÜBER UNS SELBST SPRECHEN. Das Bild von uns selbst, das solche Erfahrungen in uns zurücklassen, kann tödlich sein. Wie Schneewittchen fallen wir in einen Todesschlaf; ein Teil von uns verabschiedet sich und zieht fort.

Evas Fall

Als Gott Eva erschuf, stattete er sie mit Eigenschaften aus, die von Gott künden. Eva ist einladend. Sie ist verwundbar. Sie ist zärtlich. Sie verkörpert Erbarmen. Und sie ist zugleich kämpferisch und leidenschaftlich in ihrer Hingabe. EVA IST DER WELT ALS INKARNATION EINES GOTTES GEGEBEN, DER SCHÖN IST, FASZINIEREND,

ANBETUNGSWÜRDIG. Eines Liebenden, der Leben anbietet und Leben rettet.

Beschreibt das die Frauen, die Sie kennen, angemessen? Ist das die Weise, wie andere Sie erleben?

Etwas ist geschehen. Etwas hat uns von dem Leben getrennt, um das unser Herz wusste, als wir noch kleine Mädchen waren. **ETWAS HAT UNS DAS LEBEN GERAUBT,** nach dem wir uns auch als erwachsene Frauen sehnen. Sie erinnern sich. Da war ein Garten. Eine Schlange. Eine Frucht, die von einem verbotenen Baum gepflückt wurde. Dies ist die traurige Geschichte.

> Die Schlange war listiger als alle anderen Tiere, die Gott, der Herr, gemacht hatte. „Hat Gott wirklich gesagt, dass ihr von keinem Baum die Früchte essen dürft?", fragte sie die Frau.
>
> „Natürlich dürfen wir", antwortete die Frau, „nur von dem Baum in der Mitte des Gartens nicht. Gott hat gesagt: ‚Esst nicht von seinen Früchten, ja – berührt sie nicht einmal, sonst müsst ihr sterben!'"
>
> „Unsinn! Ihr werdet nicht sterben", widersprach die Schlange, „aber Gott weiß: Wenn ihr davon esst, werden eure Augen geöffnet – ihr werdet sein wie Gott und wissen, was Gut und Böse ist."

Die Frau schaute den Baum an. Er sah schön aus! Seine Früchte wirkten verlockend, und klug würde sie davon werden! Sie pflückte eine Frucht, biss hinein und reichte sie ihrem Mann, und auch er aß davon.

1. MOSE 3,1-6; HFA

Die Frau hat sich beschwatzen lassen. Das soll es gewesen sein? Dieser eine Augenblick? Und was hat sie sich überhaupt einreden lassen?

Schauen Sie in Ihr eigenes Herz, dann werden Sie ihn entdecken: den Verdacht, dass Gott den Menschen etwas vorenthält. Etwas nicht gönnt. Das Misstrauen, dass es nicht weit her ist mit Gottes Zuneigung zu Eva. Die Überzeugung, dass Eva die Dinge selbst in die Hand nehmen muss, um das Beste aus dem Leben herauszuholen. Und dementsprechend handelt sie. Sie nimmt von der Frucht und gibt auch Adam, und beide essen davon. Und das Paradies ist verloren. Der Zugang zum Garten ist verloren. Die Schönheit der Welt ist verloren. Die ungetrübte Gemeinschaft mit Gott ist verloren.

Und seitdem suchen wir danach ... versuchen, unser Leben so gut wir können selbst in die Hand zu nehmen. DIESE LÜGE, DIE DIE SCHLANGE EVA INS OHR ZISCHTE, IST BIS HEUTE

{ 46 }

DIESELBE GEBLIEBEN, und wir hören sie in schlaflosen Nächten und in jedem Moment unseres Lebens, in dem wir uns verletzlich und schutzlos fühlen. Auch wir sind versucht zu glauben, dass Gott es nicht gut mit uns meint, dass er nicht das Beste für uns im Sinn hat – denn wäre es so, wie könnten wir uns so einsam fühlen, wie könnten wir so viele Sorgen und Schwierigkeiten haben, wie müssten wir dann noch immer darauf warten, dass unsere Träume sich endlich erfüllen?

MIT JEDER FASER, DIE DAS GEWEBE UNSERES GLAUBENS BILDET, SIND WIR VERSUCHT, EHER ZU BEZWEIFELN, DASS GOTTES HERZ GUT IST, als zu glauben, dass sein Herz für uns ist. Denn die Sorgen sind ja real. Die Einsamkeit und der Schmerz und der herzzerreißende Kummer sind wirklich. Was also soll eine Frau tun? Nun, was tun wir denn?

WENN EINE FRAU IHRE BESTIMMUNG AUS DEM BLICK VERLIERT (und wir alle tun es, denn wir alle sind aus der Gnade herausgefallen), DANN LEIDEN DARUNTER VOR ALLEM IHRE OFFENHEIT UND EMPFINDSAMKEIT, DIE SCHÖNHEIT, DIE ZUM LEBEN EINLÄDT. Sie entwickelt sich entweder zu einer dominanten, zwanghaft kontrollsüchtigen Frau – oder zu einem verzweifelten, be-

{ 47 }

dürftigen, kleinlauten Mäuschen. Manchmal auch zu einer Mischung aus beidem.

Dominante Frauen

Überlegen Sie einmal, wie viele böse Frauen es in den Märchen gibt. Stiefmütter, Stiefschwestern, Hexen und falsche Königinnen. Immer sind diese Figuren dominante, kontrollierende Frauen.

Die Eva nach dem Sündenfall kontrolliert ihre Beziehungen. Sie will eben *nicht* verletzlich sein. Und wenn sie sich ihrer Beziehungen nicht sicher sein kann, dann tötet sie das Verlangen ihres Herzens nach Intimität ab. So, glaubt sie, kann sie die Dinge im Griff behalten. Sie wird zu einer Frau, die auf niemanden angewiesen ist – schon gar nicht auf einen Mann. Wie sich das im Lauf ihres Lebens auswirkt und wie die in der Kindheit erlittenen Verletzungen ihre tiefsten Überzeugungen prägen, das ist oft eine komplexe Geschichte, die ein genaueres Hinsehen lohnt. Aber neben und hinter all dem steht eine einfache Tatsache: FRAUEN DOMINIEREN UND KONTROLLIEREN, WEIL IHNEN IHRE VERWUNDBARKEIT ANGST MACHT. Sie weigern sich, Gott zu vertrauen.

Damit soll freilich nicht gesagt sein, dass

eine Frau nicht stark sein kann. Wir behaupten allerdings, dass allzu viele Frauen ihre Weiblichkeit verleugnen, nur um sich sicher zu fühlen und die Oberhand zu behalten. Ihre Stärke mutet eher männlich als weiblich an. Nichts an ihnen ist einladend oder verführerisch, nichts zärtlich oder barmherzig. Die Stiefmutter kann die Verwundbarkeit und Schönheit und Herzensgüte von Schneewittchen nicht ertragen. Sie schickt den Förster, der sie töten und ihr Herz in einer Schachtel überbringen soll.

Trostlose Frauen

Wenn die gefallenen Evas an einem Ende des Spektrums hart, unduldsam und kontrollierend werden, dann finden wir am anderen Ende Frauen, die elend, hilflos, *allzu* verletzlich sind. Trostlose Frauen. Trostlose Frauen werden beherrscht von dem gähnenden Abgrund in ihrem Innern. Solche Frauen kaufen Bücher wie *Wenn Frauen zu sehr lieben* oder *Die Sucht gebraucht zu werden*. TROSTLOSE FRAUEN VERZEHREN SICH IN IHREM HUNGER NACH BEZIEHUNGEN. Ein Freund von uns, ein junger Mann Mitte zwanzig, beklagte sich darüber, dass ihn seine Mutter zu oft anruft. „Wie oft meldet sie sich

{ 49 }

denn?", fragte ich und erwartete, dass er erstmal überlegen müsste. „Täglich." Oups! Täglich ist dann doch ein wenig oft bei einem Sohn, der längst auf eigenen Beinen steht.

Beide Typen – die kontrollierende wie die trostlose Frau – verstecken sich. Das Erste, was Adam und Eva taten, nachdem sie von der verbotenen Frucht gegessen hatten, war: Sie versteckten sich. „Ich hatte Angst, weil ich nackt bin. Deshalb habe ich mich versteckt" (1. Mose 3,10; Hfa). WIR VERSTECKEN UNS, WEIL WIR UNS FÜRCHTEN.

Denn hinter all unseren Kontrollmanövern und unserem Aktionismus, hinter unserem Manipulieren und unseren Ersatzbefriedigungen, unserem Versteckspiel und Uns-unsichtbar-Machen – hinter all dem steckt eine Angst. Die Angst, dass wir entdeckt werden. DIE ANGST, ALS ANTWORT AUF UNSERE ENTSCHEIDENDE LEBENSFRAGE ZU VERNEHMEN: NEIN! „Liebenswert – du? NEIN. NEIN. Wie kommst du darauf?" Die Angst, dass eben das herauskommt und dass dann niemand mehr etwas mit uns zu tun haben will und wir verlassen und einsam unsere Tage fristen.

Und noch etwas müssen wir erkennen:

ALL UNSERE KONTROLLMECHANISMEN UND UN-SERE VERSTECKSPIELE DIENEN DAZU, UNS VON UNSEREM HERZEN ABZUSCHNEIDEN. Wir verlieren den Kontakt zu den tiefen Sehnsüchten, die wir als Kinder noch kannten, zu diesem tiefen Verlangen, das uns als Frauen ausmacht. Und die Frage, die tief in unserem Herzen schlummert – *Bin ich liebenswert? Siehst du mich? Bin ich es wert, dass man sich für mich einsetzt? –*, diese Frage bleibt unbeantwortet. Oder sie wird immer wieder nur auf dieselbe Weise beantwortet, die wir als Kinder oder Jugendliche so schmerzhaft erfahren haben. Liebenswert – du? Keinesfalls.

Als Kinder wussten wir noch nichts von Eva und von den Folgen, die ihr Tun für uns hat. Als Kinder lernten wir nicht, dass wir die Frage aller Fragen, die Frage unseres Herzens zu Gott bringen können. Und ehe wir das lernten, haben wir meistens schon Antworten von anderer Stelle erhalten – schmerzhafte, zerstörerische Antworten. ANTWORTEN, DIE UNS VERLETZT UND DAZU GEFÜHRT HABEN, DASS WIR SCHRECKLICHE DINGE VON UNS SELBST GLAUBEN. So kommt es, dass wir als Frauen eine Welt betreten, die einen schrecklichen Verrat für uns bereithält.

Verletzt

In jeder dominanten, kontrollierenden, genuss-süchtigen Frau und hinter jeder trostlosen, beziehungssüchtigen, klammernden Frau lebt ein kleines Mädchen.

Seien wir ehrlich: Niemandem von uns wird ein Leben geschenkt, in dem es keinen Schmerz gibt. Niemandem. Auch nicht den Frauen, die wir bewundern, deren Leben aus der Distanz so perfekt und erstrebenswert aussieht. LEBENDIG ZU SEIN HEISST: WIR WURDEN UND WERDEN VERWUNDET. Henry W. Longfellow sagte: *„Wenn wir in das verborgene Leben selbst unserer Feinde Einblick nehmen könnten, würden wir darin genug Leid und Kummer entdecken, um allen Feindseligkeiten ein Ende zu machen."*

Ein Leben ohne Leid ist eine Illusion. Ein Fantasiegebilde. Wir leben aber nicht in einer Fantasiewelt. Schon eher gleicht unser Leben dem Stoff eines Märchens. Denn im Märchen wird die Prinzessin geraubt, verstoßen, bedroht. Großmütter werden vom bösen Wolf verschlungen. Kinder gehen verloren und begegnen bösen Hexen, und kleine Mädchen wandern allein und furchtsam durch unwegsame Wälder und fragen sich, ob der Prinz je kommen wird.

Jedes Märchen hat seinen Bösewicht. Die böse Hexe, die böse Stiefmutter, die feuerspeienden Drachen. Auch in unserer Geschichte gibt es die Vertreter des Bösen. Die Geschichte Ihres Lebens, die Geschichte einer jeden Frau ist die Geschichte eines langen und anhaltenden Angriffs auf ihr Herz. Und DER ANGREIFER IST EIN FEIND, DER SIE KENNT UND DER WEISS, WAS AUS IHNEN WERDEN KANN – UND SIE DESHALB FÜRCHTET.

Wir leben nicht im Paradies. Noch nicht einmal nah daran. Wir leben nicht in der Welt, für die unser Herz geschaffen wurde. Ja, wir haben jede unsere eigene Geschichte. Aber es gibt Gemeinsamkeiten: WIR WURDEN ALLE VERLETZT. WIR HATTEN ALLE KEINE PERFEKTE KINDHEIT. Adam fiel, Eva ebenso – und die meisten Väter und Mütter dieser Welt setzen diese traurige Geschichte fort. Auch sie waren nicht vollkommen; auch sie tragen die ungeheilten Wunden ihres Lebens mit sich herum. Sie konnten uns nicht das geben, wonach unser Herz hungerte und was wir nötig brauchten, um zu liebenswerten, verwundbaren und starken und tatkräftigen Frauen zu werden.

Verletzte Herzen

Die Verletzungen, die wir als Kinder oder Jugendliche erlitten haben, waren nicht einfach nur schmerzhaft. Stets haben sie eine *Botschaft* transportiert, und diese Botschaft hat uns mitten ins Herz getroffen, genau dahin, wo sich unsere entscheidende Frage verbirgt. Die Wunden treffen uns im Zentrum unserer *Weiblichkeit*. Als Kinder waren wir nicht in der Lage, zu verstehen und zu verarbeiten, was uns angetan worden ist. Unsere Eltern waren wie Götter. Sie mussten doch recht haben, sie waren ja „groß". Wenn wir uns überfordert, eingeschüchtert, verletzt oder missbraucht fühlten, dann haben wir geglaubt, dass es an *uns* lag – *wir* waren das Problem.

Und so empfinden viele Frauen ihr Leben lang. Wir können es nicht in Worte fassen, aber tief im Innern fürchten wir, dass etwas an uns katastrophal verkehrt sein muss. *Wenn wir wirklich Prinzessinnen wären, dann wäre unser Prinz längst aufgetaucht. Wenn wir Königstöchter wären, dann hätte er um uns gekämpft.* Wir können nicht anders, WIR SIND ÜBERZEUGT, DASS WIR SELBST SCHULD SIND. WENN WIR ANDERS, WENN WIR BESSER WÄREN, DANN WÄREN

{ 54 }

WIR SO SEHR GELIEBT WORDEN, WIE WIR DAS ERSEHNEN. ES MUSS AN UNS LIEGEN.

Unsere Geschichten

Sandy wurde von ihrem Vater missbraucht, und ihre Mutter sah weg. Beides hat in der Seele des Mädchens großes Unheil angerichtet. Aus all ihren bitteren Erfahrungen hat Sandy zwei grundlegende Dinge über Weiblichkeit gelernt:

Frau sein heißt machtlos sein. Empfindsamkeit ist nichts Gutes, sondern ein Ausdruck von Schwäche.

Eine Frau, die zu ihrer Weiblichkeit steht, provoziert nur unerwünschte und schmerzhafte Intimität.

Kein Wunder, dass Sandy nicht zu ihrer Weiblichkeit stehen kann. Wie so viele sexuell missbrauchte Frauen sehnt sie sich verzweifelt nach Liebe und Zärtlichkeit (es ist das, wofür sie geschaffen wurde). Aber gleichzeitig versucht sie krampfhaft zu vermeiden, dass sie auf einen Mann einladend wirkt. Sie ist geradezu prädestiniert, eine Frau vom Typ „kompetent und effektiv" zu werden, immer kontrolliert, immer zugeknöpft, niemals auf Hilfe angewiesen, niemals „schwach".

Manche Frauen mit Missbrauchserfahrungen schlagen einen anderen Weg ein. Oder vielleicht sollte man besser sagen: Sie fühlen sich regelrecht in eine andere Richtung gedrängt. Sie haben niemals Liebe empfangen, aber sie haben in der Erfahrung des sexuellen Missbrauchs eine Art Vertrautheit erlebt, und nun werfen sie sich einem Mann nach dem andern an den Hals. Sie hoffen, die verzerrte Fratze von Sexualität, die ihnen im Missbrauch begegnet ist, vergessen zu machen durch „richtigen" Sex, der endlich einmal mit Liebe verbunden wäre.

Melissas Mutter war eine harte Frau, die ihre Kinder mit einer Rute verprügelte. „Ich hatte furchtbare Angst vor meiner Mutter", vertraute sie uns an. „Sie hatte wohl eine Psychose und dachte sich ganz üble Sachen aus. Meistens wussten wir nicht, warum wir Schläge bekamen. Mein Vater hat bei ihren Ausbrüchen nichts unternommen. Ich wusste jedenfalls eines: mit jedem Schlag wurde mein Hass auf sie noch größer. Sie hat aus meiner Schwester jedes Stück Rückgrat herausgeprügelt, und ICH HABE MIR GESCHWOREN, DASS MIR

DAS NIE PASSIEREN WIRD. ICH WOLLTE ABWEISEND UND HART WERDEN WIE EIN FELS." Genau so ist Melissa als erwachsene Frau geworden.

Eine unheilige Allianz

Im Lauf der Jahre sind wir zu der Einsicht gelangt, dass nur eines *noch* tragischer ist als die Dinge, die uns widerfahren sind: nämlich das, was wir aus diesen Erfahrungen gemacht haben.

Worte sind gefallen, schlimme Worte. Dinge sind geschehen, böse Dinge. Sie haben uns geprägt. Etwas in uns hat sich *verschoben*. WIR HABEN DIE BOTSCHAFTEN UNSERER WUNDEN ANGENOMMEN UND VERINNERLICHT. Wir haben ein verzerrtes Bild von uns selbst akzeptiert. Und von diesem so bestimmten Standort aus haben wir unser Verhältnis zur Umwelt bestimmt. Wir haben uns geschworen, niemals wieder so verletzlich zu sein. Wir haben uns Strategien überlegt, wie wir neuerliche Angriffe abwehren können. EINE FRAU, DIE AUS EINEM VERLETZTEN, WUNDEN HERZEN HERAUS LEBT, FÜHRT EIN LEBEN, DAS VOR ALLEM DEM SELBSTSCHUTZ DIENT. Sie ist sich dessen nicht immer bewusst, aber es ist so. Das ist unsere Art, „unsere Haut zu retten".

Darüber hinaus haben wir Methoden entwickelt, um doch noch etwas von der Liebe abzubekommen, nach der sich unser Herz so sehnt. DIE SEHNSUCHT IST DA. UNVERKENNBAR. Unsere verzweifelte Sehnsucht nach Liebe und Anerkennung, unser Verlangen nach wenigstens einem Quentchen Romantik und Abenteuer und Schönheit ließen sich nicht verleugnen. Und so haben wir unser Interesse auf Männer gerichtet oder aufs Essen oder auf Liebesromane; wir sind in unserer Arbeit oder im Gemeindeleben oder in sonst einer Art von Engagement aufgegangen. All das zusammengenommen hat uns zu den Frauen gemacht, die wir heute sind. Viel von dem, was wir für unsere „Persönlichkeit" halten, entspringt in Wirklichkeit den vielen Entscheidungen, uns selbst zu schützen, plus unserem Plan, wie wir etwas von der Liebe abbekommen, für die wir geschaffen sind.

Das Problem ist nur: UNSER PLAN HAT NICHTS MIT GOTT ZU TUN.

Die erlittenen Verletzungen und die Botschaften, die wir daraus gelesen haben, sind eine Art unheilige Allianz mit unserer Natur als Frauen nach dem Fall eingegangen. SEIT EVA LEBEN WIR MIT EINEM TIEFEN MISSTRAUEN GEGENÜBER GOTT – UND GEGENÜBER SEINEN ABSICHTEN MIT UNS. Es scheint doch klar, dass er uns etwas

{ 58 }

vorenthält. Wir müssen uns also selber um das Leben kümmern, das wir ersehnen. Wir werden unsere Welt schon in den Griff bekommen. Aber da ist noch dieses Verlangen tief in uns, ein Verlangen nach Nähe, Zärtlichkeit und Leben. Wir müssen eine Methode finden, um dieses Loch aufzufüllen. Eine Methode, die eines nicht von uns verlangt: Vertrauen zu irgendjemandem. Schon gar nicht Vertrauen zu Gott. Einen Weg der uns eines erspart: verletzlich zu sein.

Es gibt Hoffnung

Gott sieht dieses ganze Dilemma. Er sieht unsere Sünde. Er sieht unsere Verletzungen. Er kennt all unsere falschen Strategien, mit denen wir versuchen, den Schmerz klein zu halten. Er ist bestens vertraut mit der Tatsache, dass wir Geschöpfe sind, die aus seiner Gnade herausgefallen sind.

Und mitten in diesem ganzen Dilemma hat auch er eine *Botschaft* für uns. GOTT SAGT: DU BIST WERTGEACHTET IN MEINEN AUGEN. DU BIST WERTVOLL UND LIEBENSWERT. VERSTECK DICH NICHT LÄNGER. KOMM ZU MIR. ICH MÖCHTE DEINE WUNDEN HEILEN.

Können wir ihm das glauben?

Können wir das als unsere Wahrheit annehmen?

Können wir die alten Botschaften ersetzen?

Es gibt Hoffnung. Ob Sie es fühlen oder nicht – diese Botschaft ist für Sie da. ES GIBT HOFFNUNG. ES GIBT HEILUNG. ES GIBT LEBEN. Für Sie. Für mich. Für uns alle. Denn jetzt nimmt die Geschichte eine wunderbare Wendung.

KAPITEL 3

Geliebte Tochter

Sara war sechzehn, und der strahlende Sommertag lockte sie in die Berge. Komm! Genieße den Tag! Entdecke die Welt! Eigentlich hätte sie zur Schule gehen sollen. Aber Sara verbrachte den Tag stattdessen in den Bergen. **UND ES WAR EIN WUNDERBARER TAG GEWESEN.** Ihre Gedanken waren bei all dem Erlebten, als sie am frühen Abend zurückfuhr. Die Berge waren ihre Welt. Sie fühlte sich wie neugeboren. Aus dem Augenwinkel sah sie noch etwas pfeilschnell herannahen – dann gab es einen hässlichen Krach und einen heftigen Aufprall. Ein Wagen hatte eine rote Ampel überfahren und ihren Wagen gerammt.

Der Aufprall war so heftig, dass Sara, die nicht angeschnallt war, durch die Windschutz-

{ 61 }

scheibe geschleudert wurde. Aber diese Flug-
bewegung wurde von einem Teil des verbroge-
nen Autodachs abgefangen, sodass Sara schwer
verletzt und blutend zurückgedrückt wurde auf
den Fahrersitz. Sie spürte starke Schmerzen,
aber sie verlor nicht das Bewusstsein. Und der
erste Gedanke, der sie durchzuckte, war: *Klar,
ich habe es verdient. Wenn ich zur Schule gegangen wäre, wäre das nie passiert.* SIE WAR
ÜBERZEUGT: ES WAR IHRE SCHULD.

Können Sie das nachvollziehen?

Sicher, Sara hat ein paar unkluge Entscheidungen getroffen. Aber an dem Unfall selbst
traf sie keinerlei Schuld. Es war *keine* Strafe des
Himmels für unkorrektes Verhalten. SICHER,
UNSERE UNGUTEN ENTSCHEIDUNGEN HABEN KON-
SEQUENZEN. Wer nicht fürs Examen lernt, wird
keine Glanznote bekommen – auch wenn er
noch so viel dafür betet. Wenn wir unseren
Kindern niemals Grenzen setzen, werden sie
sich zu kleinen selbstsüchtigen Tyrannen entwickeln. Die Lebensweise, die wir wählen, hat
Auswirkungen auf alle Lebensbereiche. Aber
DAS HEISST *NICHT*, DASS JEDE VERLETZUNG, DIE
WIR ERLITTEN HABEN, VERDIENT WAR oder dass sie
auf eine ungute Entscheidung zurückgeht, die
wir selbst getroffen haben.

Im Auto hinter Sara fuhr ihre Nachbarin, die so zur Zeugin des Unfalls wurde. Sie informierte Saras Eltern, die gerade zu Abend essen wollten. „Kommen Sie besser rasch runter zur Autobahnabfahrt. Sara hatte einen Unfall", sagte sie ruhig und sachlich. Diese Ruhe ließ Saras Vater vermuten, dass es sich um nichts Schlimmeres als um einen Blechschaden handelte, und so ließ er sich Zeit und erwartete, dass es lediglich darum gehen würde, die Formalitäten zu klären.

Die Situation, die er dann vorfand, war nicht die, die er erwartet hatte. Als er die Unfallstelle erreichte, sah er Polizeiwagen, Feuerwehr und Rettungswagen im Einsatz. Er sah das demolierte Auto des anderen Fahrers und den völlig zusammengedrückten Wagen seiner Tochter. Er erkannte ihre Gestalt auf dem Fahrersitz. Und als sie ihn sah, rief sie tränenüberströmt: „Daddy, es ist nicht meine Schuld. Es war nicht meine Schuld!"

„Ja, das sehe ich", versicherte er. Was er außerdem sah, war, dass die Rettungskräfte versuchten, die Vordertür aufzuschneiden, um Sara aus ihrer eingeklemmten Lage zu befreien. Aber die hydraulischen Werkzeuge schafften es nicht. Kostbare Minuten verstrichen.

Saras Vater wollte nicht länger zusehen. Leidenschaftlich entschlossen, seine Tochter zu retten, stieß er die Rettungskräfte beiseite und mit bloßen Händen und schier übermenschlichen Kräften gelang es ihm, die verkeilte Tür aus dem Rahmen zu zwängen und zu öffnen.

Diese Geschichte ist so passiert.

Saras Vater rettete ihr Leben. Und mit dieser Tat beantwortete er ihre Herzensfrage ein für alle Mal: Liebte er sie? War sie für ihn unendlich wertvoll? Würde er alles für sie tun? *War sie jeden Einsatz wert? Ja. JA. JA und nochmals JA!*

Das ist Saras Geschichte. Und meine. Und Ihre. Denn es gibt eine gute Nachricht. Die Frage unseres Herzens ist beantwortet worden – von unserem wahren, eigentlichen Vater. Gott, den Jesus unseren Vater nennt, hat unsere Frage ein für alle Mal beantwortet. *Sind Sie jeden Einsatz wert? Sind Sie liebenswert? Sind Sie geliebt?* „Gott hat die Welt so sehr geliebt, dass er seinen einzigen Sohn hingab, damit jeder, der an ihn glaubt, nicht zugrunde geht, sondern das ewige Leben hat" (Johannes 3,16; EÜ). Gott hat jeden Einsatz geleistet. Einen hohen Einsatz. Den höchsten. Es hat ihn alles gekostet. Und warum? Weil Sie es ihm wert sind.

{ 64 }

Seht doch, wie groß die Liebe ist, die der Vater uns schenkt! Denn wir dürfen uns nicht nur seine Kinder nennen, sondern wir sind es wirklich.

1. JOHANNES 3,9; HFA

Sind Sie geliebt? Sind Sie jeden Einsatz wert? Schauen Sie auf Jesus. In ihm kam Gott – für Sie. Weil Sie es ihm wert sind. *Für Sie!*

Anders als Sara habe ich keine Geschichte zu erzählen, die mir ganz unbezweifelbar gezeigt hat, dass ich meinem irdischen Vater jeden Einsatz wert bin. ABER ICH HABE EINE GESCHICHTE VON EINEM HIMMLISCHEN VATER ZU ERZÄHLEN. UND ER IST MEIN EIGENTLICHER VATER. Er hat mich in seine Familie aufgenommen. Denn er hatte mich – und Sie – schon im Sinn, bevor die Welt geschaffen wurde. „Schon vor Beginn der Welt, von allem Anfang an, hat Gott uns, die wir mit Christus verbunden sind, auserwählt ... Aus Liebe zu uns hat er schon damals beschlossen, dass wir durch Jesus Christus seine eigenen Kinder werden sollten. Dies war sein Plan, und so gefiel es ihm" (Epheser 4,1).

Diese Liebe des Vaters ist unsere Hoffnung. Sie zu kennen, um sie zu wissen, sie zu erfahren und ihr zu vertrauen – das ist der Weg, auf dem unser verletztes Herz heil wird. Allmählich, langsam – aber einmal ganz und vollständig heil. WIR SIND ALLE MEHR ODER WENIGER TIEF VERLETZT. WIR ALLE BRAUCHEN ES, DASS WIR ZUTIEFST WISSEN UND ERFAHREN: ICH BIN GELIEBT. Heute. Immer. Nicht nur dann, wenn ich mein Leben auf die Reihe kriege, zehn Kilo abgenommen habe, das Examen bestanden, die Beförderung, den Abschluss, den Ehering errungen habe. Sie sind geliebt. Und Ihr Vater, Ihr wahrer Vater, möchte, dass Sie das wissen.

Seine Liebe annehmen

Dann verabschiedete er sich von Sara. Sie saß auf seinem Schoß, klammerte sich an den Aufschlägen seines Mantels fest und schaute ihn lange und eindringlich an.

„Willst du mich auswendig lernen, Sara?", fragte er sie zärtlich und streichelte ihr übers Haar.

„Nein", sagte sie. „Ich kenne dich schon auswendig. Ich bewahre dich ganz tief in meinem Herzen auf." Sie hielten sich fest umschlungen und küssten sich, als wollten sie sich nie wieder loslassen.

F. C. Burnetts kostbare Geschichte *Die kleine Prinzessin* rührt etwas in den Herzen von kleinen Mädchen an – und in den Herzen von

Frauen ebenso. Jedes kleine Mädchen ist dafür geschaffen, mit einem Vater aufzuwachsen, der es bedingungslos liebt. Wer Gott ist, wie er ist und wie er sie sieht, lernt ein Mädchen zuerst von ihrem irdischen Papa. Gott ist „unser Vater im Himmel". Er offenbart sich seinen Töchtern und Söhnen zuallererst durch die Liebe unserer leiblichen Väter. UNS ALLEN IST URSPRÜNGLICH ZUGEDACHT GEWESEN, DASS WIR DIE LIEBE EINES VATERS ERLEBEN, UNS IN IHR SICHER FÜHLEN, VON IHR BESCHÜTZT WERDEN UND DORT AUFBLÜHEN.

Ich habe mittlerweile verstanden, dass ich über lange Jahre meinen himmlischen Vater durch die Brille meiner Erfahrungen mit meinem leiblichen Vater betrachtet habe. Und das konnte nur bedeuten, dass mein himmlischer Vater distanziert, selten ansprechbar, abweisend, schwer zufriedenzustellen, leicht zu enttäuschen, aufbrausend und schwer einzuschätzen war. Natürlich wollte ich ihn zufrieden stellen, wollte eine „gute Tochter" sein. Aber nachdem Gott der Vater mir schwer zu ergründen und nicht besonders einladend vorkam, konzentrierte sich meine Beziehung zu Gott auf seinen Sohn. JESUS MOCHTE MICH. BEI SEINEM VATER WAR ICH MIR NICHT SO SICHER.

Erst nach etlichen Jahren meines christlichen Lebens erwachte in mir eine Sehnsucht danach, Gott als meinen Vater besser zu begreifen. Ich bat ihn, mir mehr davon zu zeigen, wie er mein „Dad" ist. Gott lud mich ein, eine Reise in die Tiefen meines Herzens zu unternehmen. Ich bin immer noch dabei und habe auf diesem Weg überraschende Wendungen erlebt. Zunächst brachte mich Gott dazu, dass ich mich gründlicher mit meinem irdischen Vater beschäftigte. Wer war er wirklich? Was dachte er wirklich über mich? Woran konnte ich mich überhaupt erinnern? GOTT FÜHRTE MICH ZU DEN VERBORGENEN PLÄTZEN IN MEINEM HERZEN, die immer noch wund waren. Plätze, die ich nicht hatte aufsuchen wollen. Erinnerungen, die ich nicht heraufbeschwören wollte; Gefühle, die ich nicht empfinden wollte. Ich habe mich überhaupt nur auf diese Reise in mein Inneres eingelassen, weil ich wusste, dass ich nicht allein sein würde. Gott ging mit. Er würde mein Herz in seinen Händen halten.

Es gibt einen zentralen Raum in unserem Herzen, der für Papa reserviert war. Für seine starke und zärtliche Liebe. Dieser Raum ist immer noch da, und er ist voller Sehnsucht. Öffnen Sie ihn für Gott, Ihren Vater. Bitten Sie ihn, diesen Raum auszufüllen und Ihnen dort mit seiner Liebe zu begegnen. WIR HABEN ALLE SO ANGESTRENGT VERSUCHT, DIESE LIEBE IN ANDEREN MENSCHEN ZU FINDEN, ABER DAS KANN NICHT FUNKTIONIEREN. Wir sollten diesen Raum dem Einen übereignen, der uns am besten lieben kann.

> Vater, ich brauche deine Liebe. Komm in die Mitte meines Herzens. Bring deine Liebe für mich mit. Hilf mir zu erkennen, wer du wirklich bist. Zeige dich mir. Sage mir, was ich dir bedeute. Komm und beweise mir deine Väterlichkeit.

Warum er kam

Lassen Sie diese Wahrheit ganz tief in Ihr Herz einsickern, lassen Sie Ihr Herz daraus leben: ES WAR DIE TIEFE, BEDINGUNGSLOSE LIEBE GOTTES ZU IHNEN, die ihn dazu brachte, Mensch zu werden und eine Erlösung für Sie zu schaffen, die Ihnen ein Leben in Fülle, ein Leben in Ewigkeit ermöglicht. *Für Sie* kam der Herr des Universums als begrenzter Mensch auf diese Erde. *Für Sie* schmuggelte sich der ewige Gott ins Lager des Feindes, getarnt als Baby. AUS LEIDENSCHAFTLICHER LIEBE ZU IHNEN GING JESUS

SEINEN WEG BIS ANS KREUZ. SIE SIND DER PREIS, DEN ER ERWERBEN WOLLTE. Sie sind die große Freude, die vor ihm lag (Hebräer 12,2).

Viele Jahre meines Lebens als Christ habe ich in guten christlichen Gemeinden verbracht. Gemeinden, in denen ich lernte, was zu einem christlichen Leben gehört: Gottesdienst und Opfer, Glaube und die Bereitschaft, Schwierigkeiten zu ertragen, Liebe zum Wort Gottes, Gebet. Aber von einem wesentlichen Aspekt des Auftrags Jesu war nie die Rede. Ich hatte schon verstanden, dass Jesus kam, um uns von Sünde und Tod freizukaufen, um am Kreuz unsere Sünde zu tragen und den Preis zu zahlen, der uns die Freiheit bringt, um unsere Strafe auf sich zu nehmen, damit wir Gottes Söhne und Töchter sein können.

All das ist wahr. Gott sei Dank – es ist so. Aber … das ist nicht alles.

DIE MISSION JESU IST NICHT DAMIT ZU ENDE, DASS DER INNIG GELIEBTE MENSCH VERGEBUNG ERFÄHRT UND NACH HAUSE FINDET. Noch lange nicht. Würde sich ein Vater damit abfinden, dass seine Tochter nach einem Autounfall zwar überlebt hat, aber nun auf der Intensivstation liegt? Wird er nicht alles daransetzen, dass sie auch wieder gesund wird? **GOTT HAT VIEL MEHR**

FÜR UNS IM SINN. Betrachten wir einen Abschnitt aus dem Buch des Propheten Jesaja (es kann sinnvoll sein, dass Sie sich den Abschnitt laut vorlesen, sehr langsam und aufmerksam):

> Der Geist des Herrn ruht auf mir, weil er mich berufen hat. Er hat mich gesandt, den Armen die frohe Botschaft zu bringen und die Verzweifelten zu trösten.
>
> Ich rufe Freiheit aus für die Gefangenen, ihre Fesseln werden nun gelöst und die Kerkertüren geöffnet.
>
> Ich rufe ihnen zu: „Jetzt erlässt Gott eure Schuld!"
>
> Doch nun ist auch die Zeit gekommen, dass der Herr mit seinen Feinden abrechnet. Er hat mich gesandt, alle Trauernden zu trösten.
>
> Statt der Trauergewänder gebe ich ihnen duftendes Öl, das sie erfreut.
>
> Ihre Mutlosigkeit will ich in Jubel verwandeln, der sie schmückt wie ein Festkleid.
>
> JESAJA 61,1-3; HFA

Diesen Abschnitt hat Jesus zitiert, als er mit seiner öffentlichen Tätigkeit begann. Von all den Bibelstellen im Alten Testament hat er bei seinem ersten öffentlichen Auftritt ausgerechnet diese vorgelesen. Das muss Gründe haben.

{ 71 }

Dieser Text ist ihm offensichtlich wichtig.
Was bedeutet das? Zum einen geht es um eine
erfreuliche Nachricht, soviel ist klar. Es geht
um die Heilung von Herzen, um eine Befrei-
ungsaktion. Ich möchte versuchen, den Abschnitt in eine Sprache zu übertragen, die uns
inzwischen vertrauter ist:

> Gott hat mir einen Auftrag erteilt.
> Ich habe großartige Neuigkeiten für dich.
> Gott schickt mich, damit ich etwas wieder-
> herstelle und freisetze. Und dieses Etwas bist
> du.
> Ich bin hier, um dir dein Herz zurück-
> zugeben und dich zu befreien.
> Ich bin hier, um mich dem Feind entgegen-
> zustellen, der dir das angetan hat.
> Lass dich von mir trösten.
> Denn, Geliebte, ich werde dir Schönheit
> verleihen, wo du bisher nur Verwüstung
> kanntest; Freude, wo bisher tiefe Sorge war.
> Und ich werde dein Herz anstelle der bis-
> herigen Verzweiflung und des Kleinmuts in
> Dankbarkeit kleiden.

Das ist doch ein Angebot, das eine nähere
Prüfung lohnt. Was, wenn das wahr wäre?
**Was, wenn Jesus das tatsächlich für Ihr ver-
letztes Herz, für Ihre verwundete weibliche
Seele tun könnte und tun würde?** Lesen Sie

das Angebot noch einmal, und dann wäre mein Vorschlag: Fragen Sie ihn direkt. *Jesus – gilt das auch mir? Würdest du das für mich tun?*

Er kann es, und er tut es … wenn Sie ihn lassen.

SIE SIND DAS HERRLICHE EBENBILD GOTTES. Die Krone der Schöpfung. Sie sind Opfer eines Angriffs geworden. Und nun müssen Sie sehen, wie Sie damit klarkommen. Der Feind hat Ihnen Verletzungen zugefügt und hält Ihnen unablässig Ihre Sünden vor, um Ihr Herz klein zu halten. Nun aber ist Gottes Sohn gekommen, um Sie zu erlösen *und* Ihr verletztes, blutendes Herz zu heilen *und* um Sie aus dem Verließ zu befreien. ER KAM GERADE FÜR DIE VERZWEIFELTEN GEFANGENEN. FÜR LEUTE WIE SIE UND MICH. ER KAM, UM DAS HERRLICHE GESCHÖPF WIEDERHERZUSTELLEN, DAS SIE SIND. Er befreit Sie … damit Sie die Frau sein können, die Sie wirklich sind.

> An jenem Tag wird Gott, der Herr, sein Volk retten. Er sorgt für sie wie ein Hirte für seine Herde. Wie funkelnde Edelsteine in einer Königskrone schmücken sie sein Land.
>
> SACHARJA 9,16; HFA

Es gibt Heilung für das Herz einer Frau. Die Befreiung und Heilung, nach der wir uns

{73}

sehnen, gehört ganz wesentlich zum Auftrag von Jesus. Sie ist eine Herzensangelegenheit für Gott, unseren Vater.

Diese Heilung ist ein Weg mit vielen Schritten. Sie alle aufzuführen, dafür bietet dieses kleine Buch nicht genug Raum. Wenn Sie sich auf den Weg machen wollen, finden Sie eine Wegbeschreibung in dem Buch, das ich mit meinem Mann zusammen geschrieben habe: *Weißt du nicht, wie schön du bist?* Dort beschreiben wir den Weg, den ich selbst – und viele andere Frauen – gegangen bin und auf dem ich Hilfe, Heilung und Freude gefunden habe.

Bringen Sie Ihre Frage zu Gott

Wenn Sie das Buch *Sara, die kleine Prinzessin* von F. C. Burnett kennen, dann werden Sie sich erinnern, dass das Leben für Sara nicht glatt ablief. Ausgerechnet an ihrem elften Geburtstag erreicht sie in der Schule die Nachricht, dass ihr geliebter Vater tot ist. Sein Vermögen ist eingezogen worden, und sie steht mittellos da. Da sie kein Geld hat, um die Privatschule zu bezahlen, wird sie zur Arbeit gezwungen, übel behandelt und in eine ärmliche Dachkammer gesteckt.

Aber Saras Vater hat ihr seine Liebe ins Herz eingepflanzt, und das hat bleibende Spuren hinterlassen. Arm, beraubt und schlecht behandelt, hat Sara doch ein Herz aus Gold. Sie sagt sich: „Was auch immer kommt, eines ändert sich nicht. Wenn ich auch eine Prinzessin in Lumpen und Fetzen bin, SO KANN ICH DOCH IM HERZEN EINE PRINZESSIN SEIN. Prinzessin sein wäre leicht, wenn ich ein golddurchwirktes Kleid tragen würde, aber es ist ein viel größerer Triumph, eine Prinzessin zu sein, auch wenn niemand es sieht."

Sie können es auch wissen. Sie können die Gewissheit finden, dass Sie die geliebte Tochter des Königs sind.

BRINGEN SIE IHRE TIEFSTE FRAGE ZU GOTT. Die Frage ist immer noch da. Wir alle bewegen sie. Es ist Zeit, dass Sie sie Gott stellen. *Siehst du mich? Bin ich liebenswert? Erkennst du, wie schön ich bin?* Rechnen Sie mit einer Antwort. Sie wird kommen. Nicht mit der Stimme der Ablehnung oder Verurteilung. „Jetzt gibt es keine Verurteilung mehr für die, welche in Christus Jesus sind" (Römer 8,1; EÜ). Vielleicht hilft Ihnen für den Anfang dieser Gedanke: Was, wenn die Welt Sie verkennt? Schneewittchen und Aschenputtel wurden auch verkannt. Was, wenn Sie all die Zeit über einer Lüge aufgesessen sind – den falschen Botschaften, die im Gefolge Ihrer Verletzungen aufgetaucht sind? Verinnerlichen Sie das: ES WAR NICHT DIE WAHRHEIT. WAS LÖST DAS IN IHNEN AUS? Tränen? Freude? Erleichterung?

Lassen Sie es zu, von Gott die Wahrheit zu hören. WAGEN SIE DEN SPRUNG DES GLAUBENS. RISKIEREN SIE VERTRAUEN. Was er Ihnen sagen wird, das wird so sehr nach all dem klingen, was Sie sich immer ersehnten, dass Sie vielleicht zuerst glauben, Sie bilden es sich nur ein. Dass es zu schön ist, um wahr zu sein. Aber können wir uns Gott jemals besser vorstellen, als er ist? Können wir großzügiger von ihm denken, als er in Wahrheit ist? GOTT WILL, DASS SIE WISSEN, WIE SEHR SIE IHM AM HERZEN LIEGEN. Heute. Jeden Tag. Er wird antworten. Vielleicht durch eine Liedzeile, die Ihnen durch den Kopf geht. Durch ein Bibelwort, das Ihnen „zufällig" einfällt. Eine längst vergessen geglaubte Erinnerung. Er antwortet. Ganz bestimmt.

Ihre Sache ist es, ihm Ihre Frage zu stellen. Immer wieder. Vater, wie siehst du mich eigentlich? Wie siehst du mich als Frau?

KAPITEL 4

Wer ist dieser Prinz?

In den Märchen, die wir als Kinder lieb-
ten, erscheint stets ein Prinz, um die Prinzessin mit leidenschaftlichem Einsatz und aus
Liebe zu retten. Er ist stark. Er ist kühn. Er gibt
nicht auf. NICHTS KANN DEN PRINZEN DAVON AB-
HALTEN, DIE GELIEBTE ZU BEFREIEN. In voller Rüs-
tung prescht der Prinz in *Dornröschen* auf die
Dornenhecke zu, die das Schloss umgeben und
Dornröschen gefangen halten, und durchbricht
sie. Aschenputtels Prinz durchkämmt die ganze
Gegend, entschlossen, seine verschwundene Liebe zu finden. In *Schneewittchen* setzt der Prinz
seine ganze Überzeugungskraft ein, um den
Zwergen den Sarg abzuringen, in dem sie liegt,
und sie mit sich zu nehmen auf sein Schloss.

Ein Prinz ist großherzig und gut. Ein Prinz ist
tapfer. Er unternimmt lange und gefahrvolle

{ 77 }

Fahrten, um andere zu retten. Er ist zuverlässig und wahrhaftig, klug, stark, freundlich, sanft und attraktiv. Der Märchenprinz ist ein Archetyp, eine Metapher, das Urbild einer Person, der alle Eigenschaften in sich vereint, die wir für wertvoll und edel halten. Und nicht nur die Märchen zeichnen das Bild dieser idealen Gestalt; auch in anderen Geschichten finden wir es.

Im Film *Untergang der Titanic* opfert Jack sein Leben, um Rose zu retten. Sie sagt: „Er hat mich gerettet – auf jede Weise, auf die eine Frau gerettet werden kann." In *Braveheart* gibt William Wallace sein Leben für ein einziges Ziel: Freiheit. Er stirbt, den Blick auf die geliebte Frau gerichtet, als einer, der bis zum Schluss seinem Ziel treu geblieben ist, sein Volk zu befreien. In *Gladiator* kämpft Maximus gegen den tyrannischen Kaiser, mit dem einzigen Ziel, dem Volk die Freiheit zu erkämpfen und den Traum von einer wahrhaft großen Nation zu verwirklichen. „Befreit die Gefangenen", befiehlt die Wache auf Maximus' Anordnung. Unvergesslich sind die Worte seines Freundes am Ende des Films. Den Blick zum Himmel gerichtet äußert er seinen Dank gegenüber dem toten Helden: „Nun sind wir frei. Und ich werde dich wiedersehen. Aber noch nicht jetzt. Noch nicht."

EIN PRINZ IST BEREIT, FÜR DIE, DIE ER LIEBT, SEIN LEBEN EINZUSETZEN.

Im biblischen Buch der Offenbarung wird eine Vision beschrieben, die der Verfasser hat. „Da öffnete sich der Himmel vor meinen Augen, und ich sah ein weißes Pferd. Der darauf saß, heißt der Treue und Wahrhaftige. Es ist der gerechte Richter, der für die Gerechtigkeit kämpft! Seine Augen leuchteten wie flammendes Feuer, und sein Kopf war mit vielen Kronen geschmückt" (19,11-12).

Da kommt jemand auf einem weißen Pferd, mit flammendem Blick, bereit, für die Gerechtigkeit zu kämpfen …!!! Wer ist dieser Prinz, nach dem wir uns sehnen? Wer ist es, der solchen Adel, solche Stärke und Integrität in sich verkörpert? Wer ist der, der bereit ist, sein Leben aufs Spiel zu setzen, um die zu retten, die er liebt?

Dieser Prinz hat einen Namen. Jesus. Er kommt, um uns zu retten. Jesus war und ist die Erfüllung unseres Traums vom Märchenprinzen. Nur noch besser: Er ist kein Traum. Keine Märchenfigur. Er ist real. Er ist der Retter und Befreier, das Ziel unserer Sehnsucht. Er ist der Liebhaber unseres Herzens. Und so können Sie ihn kennenlernen.

{ 79 }

Für die Liebe geschaffen

Im letzten Kapitel habe ich dargelegt, wie wichtig es ist, dass wir Gott als unseren wahren Vater kennenlernen. Ich habe gezeigt, dass es für unsere Reise zum Frausein entscheidend ist, dass wir seine väterliche Liebe erfahren – ganz tief, ganz persönlich, sodass sie unser Herz erreicht. Zu dieser Liebe des Vaters werden wir auf unserem Weg immer wieder zurückkehren, um die Verletzungen und die empfindlichen Stellen unserer Seele von ihr berühren und heilen zu lassen. Diese Seite unserer Beziehung zu Gott wird immer wichtig sein. Aber das ist nicht alles, was unsere Beziehung zu Gott ausmacht. **Denn Gott ist nicht nur unser Vater. Er ist der Liebhaber unseres Herzens.** Und wir sollen reife, starke, befreite Frauen werden, die Gott als ihren Liebhaber kennen.

Ja, wenn wir nur zuhören, so werden wir in jedem Moment unseres Lebens in unserem Herzen den Ruf einer Göttlichen Romanze vernehmen. Sie flüstert uns zu im Wind, sie lädt uns ein durch das Lachen guter Freunde, sie streckt uns die Hand entgegen durch die Berührung eines Menschen, den wir lieben. Wir hören den Ruf in unserer Lieblingsmusik, wir spüren ihn in der Geburt unseres ersten Kindes, wir werden zu ihm hingezogen, wenn wir die Pracht eines Sonnenuntergangs über dem Meer beobachten.

Sogar in Zeiten großen persönlichen Leids ist die Romanze gegenwärtig: in der Krankheit eines Kindes, in dem Verlust einer Ehe, im Tod eines Freundes. Etwas ruft nach uns durch solche Erfahrungen und erweckt tief in unserem Herzen eine unstillbare Sehnsucht, eine Sehnsucht nach Intimität, Schönheit und Abenteuer.

Diese Sehnsucht ist der stärkste Teil jeder menschlichen Persönlichkeit. Sie treibt uns an auf unserer Suche nach Sinn, nach Ganzheitlichkeit, nach dem Gefühl, wahrhaft lebendig zu sein. Wie auch immer wir dieses tiefe Verlangen beschreiben mögen, es ist das Wichtigste, was wir haben, unser innerstes Herz, die Leidenschaft unseres Lebens. Und die Stimme, die uns von diesem Ort aus ruft, ist keine andere als die Stimme Gottes.

SEIT IHREN KINDERTAGEN HAT GOTT UM SIE GEWORBEN. Wir haben bereits festgestellt, dass Ihre Lebensgeschichte die Geschichte eines langen und immer noch anhaltenden Angriffs auf Ihr Herz ist. Aber das ist nur die eine Seite der Wahrheit. Jede Geschichte braucht ihren Bösewicht. Und jede Geschichte hat ihren Helden.

Die große Liebesgeschichte, von der die Bibel erzählt, zeigt uns einen Liebhaber, der sich nach Ihnen verzehrt. IHRE LEBENSGESCHICHTE IST AUCH DIE GESCHICHTE DES EINEN, DER SIE VON GRUND AUF KENNT UND LIEBT, UND DIE GESCHICHTE SEINES LANGEN UND LEIDENSCHAFTLICHEN BEMÜHENS UM IHR HERZ.

Gott hat diese Liebesgeschichte nicht nur in unser Herz eingeprägt; nein, die ganze Welt, alles, was uns umgibt, erzählt davon. WIR MÜSSEN NUR AUGEN UND OHREN AUFMACHEN, DANN ERKENNEN WIR SEINE STIMME, DIE NACH UNS RUFT, UND SEHEN SEINE HAND, DIE UNS ZUWINKT, IN DER ALLGEGENWÄRTIGEN SCHÖNHEIT, DIE UNSER HERZ SCHNELLER SCHLAGEN LÄSST.

Was waren die Dinge, die als Kind Ihr Herz begeistert haben? Pferde auf der Koppel? Die frische Luft nach einem Sommerregen? Ein Lieblingsbuch wie *Der geheime Garten*? Der erste Schnee im Winter? All das waren zugeraunte Botschaften Ihres Liebhabers, Briefchen, die die Sehnsucht in Ihrem Herzen wachrufen sollten. Es war seine Stimme, die uns selbst durch die Märchen rief, die unser Kinderherz ergriffen. Und wenn wir uns als Frauen auf den Weg machen, um immer vertrauter mit Gott zu werden, bringt er uns oft solche Dinge wieder zu Bewusstsein. Er möchte uns daran erinnern, dass er *stets* da war und dass er auch jetzt da ist, um zu heilen oder zurückzubringen, was uns geraubt wurde.

Das Herz für den Liebhaber öffnen

Jedes Lied, das Sie lieben, jede Erinnerung, die Ihnen wichtig ist, jeder Augenblick, der Sie zu heiligen Tränen gerührt hat – ALLES DAS IST IHNEN VON DEM EINEN GESCHENKT WORDEN, DER SIE VON IHREM ERSTEN ATEMZUG AN UMWORBEN HAT, UM IHR HERZ ZU GEWINNEN. Gottes Version von Blumensträußen, Pralinen und romantischen Abendessen bei Kerzenlicht sind Sonnenuntergänge und Sternschnuppen, Mondlicht über einem See und Grillenkonzerte, ein warmer Sommerwind, sich wiegende Bäume, prachtvolle Gärten und eine wild entschlossene Hingabe.

Dieses liebevolle Werben ist überaus persönlich. Gott weiß, was *Ihnen* den Atem raubt und was *Ihr* Herz schneller schlagen lässt. Wir haben viele seiner Liebesbriefe nur deshalb nicht wahrgenommen, weil wir unser Herz weggesperrt haben, um den Schmerz des Lebens erträglicher zu machen. Nun sind wir auf dem Weg zu einem ganzen, heilen Frausein. Und da gilt es, unser Herz wieder zu öffnen und offenzuhalten. Natürlich nicht für alles und jeden. Aber wir werden uns entschließen müssen, unser Herz wieder zu öffnen, damit wir Gottes Flüstern hören und seine Küsse spüren können.

Was erwartet Gott denn von uns?

Er will dasselbe, was auch Sie wollen. **ER MÖCHTE GELIEBT WERDEN.** Er möchte so erkannt und gekannt werden, wie nur Liebende einander kennen. Ja, gewiss – er erwartet auch Ihren Gehorsam, aber nur, wenn er aus einem Herzen kommt, das vor Liebe zu ihm überfließt. „Wer meine Gebote annimmt und danach lebt, der liebt mich" (Johannes 14,21; Hfa). Gott auf den Fersen bleiben, das ist der natürliche Wunsch eines Herzens, wenn es von und für Gott eingenommen und in ihn verliebt ist.

Vor einigen Jahren habe ich bei George MacDonald einen erstaunlichen Gedanken gelesen. Vermutlich haben Sie schon mal gehört, dass in jedem menschlichen Herzen ein Leerraum ist, den nur Gott ausfüllen kann. (Wir haben weiß Gott schon alles Mögliche versucht, dieses Loch zu stopfen, ohne Erfolg.) Aber nun behauptet der alte Dichter, dass es auch in

Gottes Herz einen Raum gibt, den nur wir ausfüllen können. „Folglich gibt es auch in Gott selbst eine Kammer, zu der niemand sonst Zutritt hat außer dem Einzelnen." Außer Ihnen. DAZU SIND SIE GESCHAFFEN: EINEN PLATZ IM HERZEN GOTTES EINZUNEHMEN, DEN SONST NICHTS UND NIEMAND AUSFÜLLEN KANN. Unglaublich. Gott verzehrt sich nach *Ihnen*.

Sie sind die Eine, die sein Herz „mit einem einzigen Blick" Ihrer Augen bezwungen haben (Das Hohelied 4,9b). Sie sind die Eine, die er begeistert besingt (Zephania 3,17) und mit der er über die Gipfel der Berge und durch die Ballsäle der Welt tanzen will. SIE SIND DIE FRAU, DIE IHM DEN ATEM RAUBT mit Ihrem anmutigen Herzen, das allen Widrigkeiten zum Trotz auf ihn hofft. Lassen Sie sich das sagen. Lassen Sie es *über sich* sagen.

Gott möchte dieses Leben mit Ihnen zusammen gestalten, möchte teilhaben an Ihren alltäglichen Entscheidungen, Ihren Wünschen und Niederlagen. Er möchte Ihnen nah sein mitten in Chaos und Alltagsroutine, in Sitzungen und auf der Autobahn, in der Waschküche und im Festsaal, beim Planen und Auswerten und auch, wenn es mal wehtut. Er möchte Sie mit seiner Liebe überschütten und hofft darauf, dass Sie diese Liebe erwidern. **Er sehnt sich nach Ihrem Herzen, er will dort sein, wo Sie ganz Sie selbst sind.** Er ist nicht interessiert an einer nahen Beziehung mit der Frau, die Sie glauben darstellen zu müssen. Er möchte ganz vertraut sein mit Ihrem wahren Ich.

Der König aller Könige, der Prinz des Friedens liebt uns! *Und diese Liebe müssen wir uns nicht erkämpfen, verdienen oder erarbeiten. Wir brauchen nicht zu fürchten, dass wir sie verlieren könnten.* Denn sie wird freiwillig gegeben. Er hat sie uns geschenkt. Er hat uns erwählt. Und nichts kann uns von seiner Liebe jemals wieder trennen (Römer 8,39). Nicht einmal wir selbst. Für diese Liebe wurden wir geschaffen. Die tiefste Sehnsucht unseres Herzens, stärker und tiefer als alles andere, ist die, um unserer selbst willen geliebt zu werden. Wir sind geschaffen als Gegenüber für einen Gott, der uns leidenschaftlich, stark und total liebt. Wir sind geschaffen, um Adressaten, Empfänger dieser Liebe zu sein.

Und wir sind es tatsächlich.

Diese intime, vertraute Beziehung zu Gott durch Jesus ist nicht nur etwas für die anderen – jene Frauen, die ihr Leben im Griff haben, geistlich unantastbar sind und eine makellose

Figur haben. Nein, diese Nähe zum Herzen Gottes gilt uns allen. GOTT MÖCHTE EINE HERZENSBEZIEHUNG ZU IHNEN HABEN. Und damit das Wirklichkeit wird, müssen Sie ihm Ihrerseits Nähe, Offenheit – und Ihr Herz anbieten.

Ein Herz, das hingerissen ist vor Glück

Jesus kam mit seinen Jüngern in ein Dorf, wo sie bei einer Frau aufgenommen wurden, die Marta hieß. Maria, ihre Schwester, setzte sich zu Jesu Füßen hin und hörte ihm aufmerksam zu. Marta aber war unentwegt mit der Bewirtung ihrer Gäste beschäftigt. Schließlich kam sie zu Jesus und fragte: „Herr, siehst du nicht, dass meine Schwester mir die ganze Arbeit überlässt? Kannst du ihr nicht sagen, dass sie mir helfen soll?"

Doch Jesus antwortete ihr: „Marta, Marta, du bist um so vieles besorgt und machst dir so viel Mühe. Nur eines aber ist wirklich wichtig und gut! Maria hat sich für dieses eine entschieden, und das kann ihr niemand mehr nehmen."

LUKAS 10,38-42; HFA

Die Geschichte ist allgemein bekannt. Marta und Maria. Bloß nicht so wie Marta sein. Schon verstanden. Aber was ist eigentlich das „Eine", das wirklich wichtig ist? Es soll Ausleger geben, die beziehen es auf die Mahlzeit. Nach dem Motto: Hätte Marta Eintopf gekocht anstatt eines Drei-Gänge-Menüs, dann hätte sie auch mehr Zeit gehabt, Jesus zuzuhören. Nette Idee, aber darum geht es nicht. Jesus sagt etwas anderes. Nämlich: **DAS EINE, WAS NÖTIG IST, DAS IST EIN VON GOTT GEFESSELTES HERZ.** Ein Herz, das auf die extravagante Liebe Gottes mit hingerissener Freude antwortet und ihn verherrlicht.

Dazu ist unser Herz geschaffen: um hingerissen zu sein vor Glück. Um anzubeten. Zu staunen. Anzubeten. Und das tun wir auch, wir können gar nicht anders. Nun ist „Anbetung" einer jener religiös vernebelten Begriffe. Wir hören „Anbetung" und denken an Gottesdienste. Weihrauch. Anbetungslieder. Knapp daneben. Anbetung ist viel leidenschaftlicher, viel ausschließlicher. **ANBETUNG GESCHIEHT, WO WIR UNSER HERZ AN ETWAS VERSCHENKEN, WEIL ES UNS WAHRES LEBEN VERSPRICHT.** „Woran du dein Herz hängst, das ist in Wahrheit dein Gott", sagt Martin Luther. Wir sind wirklich

{ 88 }

sehr einfallsreich, was die Gegenstände unserer Anbetung angeht. Kino, Essen, Einkaufen, Klatsch und Tratsch, was Sie wollen. Ich habe vor all dem schon die Knie gebeugt.

Aber GOTT IST DER EINZIGE, DER DIESES HIN-GERISSENSEIN UNSERES HERZENS WIRKLICH VER-DIENT. Maria hat erkannt, dass in Jesus Gott vor ihr steht, die Quelle allen Lebens. DIE LIEBE IN MENSCHENGESTALT. Sie hat getan, was Sie und ich hoffentlich auch getan hätten. Sie hat alles stehen und liegen gelassen, um diesen Moment seiner Gegenwart nicht zu verpassen, um bei ihm zu sein, Augen und Herz nur offen für ihn.

Marta kommt mir dagegen vor wie eine überaktive Kirchengemeinde, wie eine abge-lenkte Braut. Neulich war ich zum Mittagessen mit einer alten Freundin verabredet. In der Ge-meinde, in der sie sich engagierte, so erzählte sie mir, drehte sich alles um den Missionsbefehl und das größte Gebot: den Nächsten lieben wie sich selbst. Ich war verblüfft. Denn das ist nicht das größte Gebot. Was hat Jesus als größtes Gebot genannt: „Du sollst den Herrn, deinen Gott, lieben von ganzem Herzen, mit ganzer Hingabe und mit deinem ganzen Verstand" (Matthäus 22,37). Gott möchte schon, dass wir einander lieben. Er erwartet schon, dass wir ei-

{ 89 }

nander dienen. Auch das. ABER ZUERST UND VOR ALLEM BEANSPRUCHT ER UNSERE RESTLOSE HINGABE UND LIEBE FÜR SICH. Denn alle Taten der Liebe und jedes Engagement für andere fließen aus einem Herzen, das mit der Liebe zu Gott erfüllt ist.

Frauen haben einen ganz besonderen Platz im Herzen Gottes. Mit ihrer Hingabe machen Frauen Gott unglaublich viel Freude. Sie können dem Herzen Gottes wohltun. Sie haben Einfluss auf ihn. Jesus hatte nichts gegen außerordentliche Liebesbeweise von Frauen, im Gegenteil. Und das ist jetzt nicht nur etwas für Frauen, die genug Zeit haben oder die besonders geistlich sind. SIE SIND FÜR EINE LEIDENSCHAFTLICHE LIEBESBEZIEHUNG GESCHAFFEN. UND DER EINZIGE, DER IHNEN DAS BESTÄNDIG UND ERFÜLLEND BIETEN KANN, IST GOTT. Er zeigt es uns in Jesus.

Bieten Sie ihm Ihr Herz an.

Intimität pflegen

Als ich begann, diese Nähe zu Gott zu suchen, mich ihm zu öffnen, ihn anzubeten, habe ich immer wieder ein einziges Lied gespielt. Eine Liedzeile nur, die aus wenigen Worten besteht:

Hilf uns, Herr.
Leer und bedürftig kommen wir zu dir.

Das trifft die Sache genau. Ich war damals (und bin immer noch) dringend angewiesen auf Gott. Mein Kampf gegen zwanghaftes Essverhalten und das Gefühl abgrundtiefer Verlassenheit waren sehr real. UND ICH BRAUCHTE EINEN SEHR REALEN, GREIFBAREN GOTT IN MEINEM LEBEN. Ich verzehrte mich innerlich nach einer Berührung von ihm, ich dürstete nach tieferen Einsichten in Gottes Wesen, ich wollte von Grund auf heil werden. Ich fing an, jede Woche ein paar Stunden für diese vertraute Begegnung mit Gott zu reservieren. Und ich bat ihn, mir zu begegnen.

Es kostete einige Mühe, die einmal freigeschaufelte Zeit auch frei zu halten. Telefonstecker raus, Betreuung für die damals noch kleinen Kinder organisieren, wach bleiben, wenn alle anderen schon schliefen – es war den Einsatz wert. ICH WAR BERÜHRT UND ERGRIFFEN DAVON, WIE SCHÖN GOTT IST. ES WAR GROSSARTIG. ES WAR GUT. UND ES RIEF *WIDERSTAND* HERVOR.

Wenn Sie innige, vertrauteste Gemeinschaft mit Gott genießen wollen, werden Sie darum kämpfen müssen. Zum Beispiel die Geschäftigkeit bekämpfen (Martas Problem). Sie müssen sich gegen Vorwürfe wappnen. Sie werden es mit Dieben zu tun bekommen, die Ihnen die Geschenke Ihres Liebhabers streitig machen wollen. Nichts anderes ist zu erwarten. **FRAUEN BESITZEN NICHT UMSONST EINE WILDE ENTSCHLOSSENHEIT.** Hier können Sie sie einsetzen. Die Zeit mit Ihrem Liebhaber ist jeden Einsatz wert.

Bitten Sie ihn, dass Ihre Sehnsucht nach ihm wächst.

Bitten Sie ihn um Hilfe, den nötigen Raum für die Begegnung mit ihm zu schaffen.

Bitten Sie ihn, dass er Ihnen begegnet und sich als Ihr Liebhaber erweist.

Heilung für unser Herz

Und jetzt kommt das Beste von allem. Je mehr wir erfahren und erkennen, wer Gott wirklich ist, umso mehr erkennen wir auch, wer wir selbst im Tiefsten sind, und umso mehr entsprechen wir seinem Bild von uns. **INDEM GOTT UNS OFFENBART, WER ER IST, LÄSST ER UNS AUCH ERKENNEN, WER WIR SIND.** Er schreibt die wahre Geschichte davon, wer wir eigentlich sind, in unser Herz.

Mit seiner liebenden Gegenwart beantwortet er unsere tiefste Herzensfrage: „Freust du dich an mir? Bin ich liebenswert?" Haben Sie ihm diese Frage schon gestellt? Warum tun Sie es nicht jetzt? Denn Gottes Antwort wird Sie nicht enttäuschen. Er antwortet mit einem unumstößlichen JA – und das auf tausend verschiedene Weisen. Er spricht zu unserem Herzen, und wir lernen allmählich, seiner Antwort zu trauen, lernen, ihm immer tiefer zu glauben. Und so wird unser Herz in Gottes leidenschaftlicher Liebe heil und ganz.

In vielen Gemeinden wird eine Kultur der Weiblichkeit durch einige fatale Lügen eingeengt. „Geistlich ist, wer aktiv ist. Geistlich ist, wer diszipliniert ist. Geistlich ist, wer seine Pflichten erfüllt."

Falsch. Wahr ist:

GEISTLICH IST, WER IN EINER LEIDENSCHAFTLICHEN LIEBE ZU GOTT LEBT. Die Sehnsucht, leidenschaftlich zu lieben und geliebt zu werden, liegt tief im Herzen einer jeden Frau. Dafür sind Sie geschaffen. Und Sie *sind* leidenschaftlich geliebt, für alle Zeit. Ganz sicher. Nun geht es darum, zu entdecken, dass das wahr ist.

KAPITEL 5

Willkommen im wirklichen Leben

Haben Sie sich schon einmal gefragt, wie es Schneewittchen erging, nachdem ihr Prinz sie auf sein Märchenschloss heimgeholt hat? Was wurde aus Aschenputtel, nachdem sie ihren Platz am Küchenherd mit dem Thronsessel vertauscht hatte? Dornröschen wird wachgeküsst, der Zauber über dem Schloss ist gebrochen, es gibt eine Hochzeit – und dann?

Jede dieser Frauen herrschte an der Seite ihres Geliebten über ein Königreich.

Der Glaube verheißt uns eine ähnliche Zukunft. In der Ewigkeit werden wir mit unserem König, unserem Geliebten, unserem Retter regieren.

Dann wird der König zu denen an seiner rechten Seite sagen: „Kommt her! Euch hat mein Vater gesegnet. Nehmt die neue Welt Gottes in Besitz, die er seit Erschaffung der Welt für euch als Erbe bereithält!"

MATTHÄUS 25,34

Leiden wir hier mit ihm, werden wir auch mit ihm herrschen.

2. TIMOTHEUS 2,12

Denn Gott, der Herr, wird ihr Licht sein, und sie werden immer und ewig mit ihm herrschen.

OFFENBARUNG 22,5

Das ist unsere Zukunft. Wir bereiten uns darauf vor, indem wir schon hier lernen, diese Herrschaft auszuüben. Denn hier, diesseits der Ewigkeit, will Gott sein Reich aufrichten. Mit uns. Wir sollen als seine Stellvertreter seinen Willen verwirklichen. Werfen wir noch einmal einen Blick auf die Geschichte vom Anfang. Denn unsere Erschaffung verrät uns auch etwas über unsere Aufgabe im Leben.

Gott erschafft Eva, und er bezeichnet sie als *ezer k'negdo*. „Es ist nicht gut, dass der Mensch allein bleibt. Ich will ihm ein *ezer k'negdo* machen" (1. Mose 1,18; Hfa). Der Hebraist Robert Alter weist darauf hin, dass der Wort-

{ 95 }

sinn genau dieses Begriffspaares „ungemein schwer zu fassen" ist. Als Übersetzung wird uns unter anderem angeboten: „Hilfe", „Gefährtin" oder, am besten vertraut dank Luther, die „Gehilfin". Warum erscheinen uns diese Deutungen so nichtssagend, so platt, so langweilig, so … enttäuschend? Was ist schon eine Gehilfin? Welches kleine Mädchen tanzt durch die Wohnung und trällert dazu: „Eines Tages werde ich eine Gehilfin sein"? Und Gefährtin? Ein Hund ist ein Gefährte. Hilfe? Das hat etwas von Küchenhilfe – wie Tortenretter, Pfannenwender. Robert Alter schlägt vor: „Stütze, Kraftgeberin an seiner Seite". Das klingt doch schon besser.

Das Wort *ezer* kommt im ganzen Alten Testament nur noch zwanzig Mal vor. AN JEDER DIESER STELLEN BEZIEHT ES SICH AUF GOTT HÖCHSTPERSÖNLICH, und zwar wird Gott dort immer ganz dringend als Retter in der Not gebraucht:

> Keiner ist wie der Gott Jeschuruns, der auf den Himmeln einherfährt zu deiner *Hilfe* … Glücklich bist du, Israel! Wer ist wie du, ein Volk, gerettet durch den Herrn, der der Schild deiner *Hilfe* und der das Schwert deiner Hoheit ist?
>
> 5. MOSE 33,26.29

{ 96 }

Ich hebe meine Augen auf zu den Bergen.
Woher kommt mir Hilfe? Meine *Hilfe*
kommt vom Herrn, der Himmel und Erde gemacht hat.

PSALM 121,1F; L

Der Herr antworte dir, wenn du in großer
Not bist, der Gott Jakobs schütze dich! Aus
seinem Heiligtum auf dem Berg Zion komme
er dir zu *Hilfe*!

PSALM 20,1F; HFA

Im jeweiligen Zusammenhang geht es zumeist
um Leben oder Tod, und auf Gott richtet sich
die letzte Hoffnung. Er ist Ihr *ezer*. Wenn er Ihnen nicht beisteht, dann ist es vorbei. Eine tref-
fende Übersetzung für *ezer* wäre deshalb „Le-
bensretter". *K'negdo* bedeutet „an der Seite"
oder auch „Gegenüber", „Gegenstück". WIR
SIND ALS FRAUEN BERUFEN, LEBENSRETTERIN ZU
SEIN, LEBENSSPENDERIN ZU SEIN. Diese Berufung ist uns ins Herz geschrieben.

Was unser Leben ausmacht

Leben retten. Leben spenden. Leben entfalten.
Die einen finden den Platz ihrer Berufung in der
Familie. Andere in einer missionarischen oder
entwicklungspolitischen Aufgabe. Viele finden

ihn in einer Karriere – als Ärztin oder Kranken-
schwester, Anwältin, Seelsorgerin, Pfarrerin,
Ingenieurin, Erzieherin, Konstrukteurin, Innen-
architektin oder … Genau. Egal, wo wir stehen, eines ist uns gemeinsam. Wir sind berufen,
ein *ezer* zu sein – eine Frau, die Leben schenkt,
fördert, stützt, entfaltet. Eine Frau, die dieser Berufung entsprechend lebt und diese ihre
Würde der Welt anbietet und an Gott ver-
schenkt. Und das Leben, das wir weitergeben,
strömt aus dem Leben, das wir selbst an der
Quelle des Lebens empfangen – bei Jesus.

**SIE HABEN EINE ENTSCHEIDENDE ROLLE. SIE
HABEN EINE HOHE, EINE HEILIGE BERUFUNG.**

Ob Sie die Hand eines Vierjährigen halten,
der seinen ersten Tag im Kindergarten erlebt,
oder die Hand eines Sterbenden im Hospiz, wo
der Schleier zwischen den Welten hauchdünn
ist – Sie haben eine entscheidende Rolle zu spielen. Als Frau.

Das Leben ist heilig. Jeder einzelne Moment.
Gott ist da – im Auto wie in der Kathedrale. Er
baut sein Reich in Ihrer Gemeinde ebenso wie
in Ihrem Büro. Ob Sie im Gottesdienst sitzen
oder an der Kasse im Supermarkt stehen –
ALLES IST WICHTIG. Die Gipfelerfahrungen und
die Niederungen des Alltags. Denn der Ort, wo

Gottes Herrschaft an Boden gewinnt oder verliert, ist unser Alltag: die Routineaufgaben, die scheinbar unwichtigen Entscheidungen, die Taten, die niemand beachtet und die zigtausend Wahlmöglichkeiten, die wir jeden Tag haben. All das ist wichtig.

Die Welt braucht Sie. Die Welt braucht es, dass Sie immer wacher, immer aufmerksamer werden für Gott und seine Gegenwart. Die Welt braucht es, dass Sie aufmerksam werden FÜR DIE SEHNSUCHT, DIE GOTT IN IHR HERZ GELEGT HAT – DAMIT SIE LEBENDIG WERDEN UND DIE AUFGABE WAHRNEHMEN, DIE ER IHNEN ZUGE- DACHT HAT. DENN SONST FEHLT ETWAS. Vielleicht steckt in Ihnen eine Konzertpianistin. Eine Leh- rerin. Eine Physiotherapeutin. Dann zeigt es sich vermutlich schon in Ihrem Beruf. Vielleicht haben Sie eine Leidenschaft für den Umwelt- schutz? Für die Armen? Für gesellschaftliche Randgruppen? Für Drogensüchtige? Was im- mer Ihre besondere Begabung sein mag, die Sa- che, für die Ihr Herz schlägt – Sie sind aufge- rufen, die Welt mit Ihrem Tanz zu bereichern. Sie sind aufgerufen, Jesus zu folgen, wohin er sie führt. Zuerst wird er Sie zu sich führen. Er wird Ihr Herz heilen. Und von dem Platz an seinem Herzen wird er Sie in die Welt führen.

In die Welt, die er liebt. In die Welt, für deren Rettung und Heil er kam. Er braucht Sie. Die Welt braucht Sie.

Sorgen Sie gut für Ihr Herz

Damit Sie mit wachem Herzen in einer vertrauensvollen Beziehung zu Gott leben und die Rolle wahrnehmen können, die Ihnen in dieser Welt zugedacht ist, ist eines nötig: SIE MÜSSEN GUT FÜR IHR HERZ SORGEN. Erinnern Sie sich?

> „Mehr als alles hüte dein Herz; denn von ihm geht das Leben aus"
>
> SPRÜCHE 4,23; EÜ

Warum ist das so wichtig? Weil Ihr Herz die Quelle ist, aus der Ihr Leben sich speist. Weil es ein Schatz ist, denn alles, was Sie dieser Welt anzubieten haben, erwächst aus dem Herzen. Es ist die Quelle unserer Kreativität, unseres Mutes, unserer Überzeugungen. Der Ursprung unseres Glaubens, unserer Hoffnung und selbstverständlich auch unserer Liebe. Hier wird unser eigentliches Wesen erkennbar. Ihr Herz, Ihr weibliches Herz, ist das, was Sie als Frau letztlich ausmacht. Wie freundlich von Gott, dass er uns diese Weisung gibt! Es klingt fast so, als ob

{ 100 }

jemand einem Freund seinen kostbarsten Besitz anvertraut und sagt: „Geh sorgfältig damit um – es bedeutet mir unendlich viel, weißt du."

Aber „mehr als alles"? Du meine Güte – hüten wir denn unser Herz überhaupt je? Gehen wir nicht vielmehr sehr gleichgültig mit ihm um? In einem alten Song heißt es: „Wenn nur mein Herz nicht so gleichgültig wäre …" Das könnte gut die Hymne unseres Lebens sein. „Wenn nur mein Herz nicht so gleichgültig wäre …", dann wäre ich schon längst weiter als ich bin. Mein Glaube wäre beständiger. Meine Beziehungen befriedigender. Mein Leben mehr im Einklang mit Gott. Wir tun doch geradezu das Gegenteil: ALLES ANDERE HÜTEN WIR MEHR ALS UNSER HERZ. Gut mit unserem Herzen umzugehen ist etwas, das wir in der Regel gar nicht in Betracht ziehen.

Was würden Sie tun, wenn …?

Wenn Sie überzeugt wären, dass Ihr Herz wirklich eine Kostbarkeit ist, der Kronschatz des Reiches Gottes – sähe Ihr Leben dann anders aus? Was würden Sie verändern? Würden Sie nicht alles daransetzen, es zu schützen? Es zu pflegen und zu umsorgen?

Gott möchte, dass Sie genau das tun. DENN AUF IHR HERZ KOMMT ES AN.

Was braucht denn Ihr Herz? Nun, das lässt sich nur sehr individuell beantworten. Denn jeder Mensch ist einzigartig und hat seine eigene, ganz besondere Geschichte. Die eine braucht Freundschaft, eine andere Kunst, Musik, Literatur. Die einen brauchen einen Garten, Zeit in der Natur; andere brauchen die Geschäftigkeit einer Stadt, um aufzutanken und sich lebendig zu fühlen. Aber es gibt auch Dinge, die uns allen gemeinsam sind.

WIR ALLE BRAUCHEN SCHÖNHEIT. Das ergibt sich schon aus der Tatsache, dass Gott die Welt damit erfüllt hat. Er gibt uns Sonne und Regen, die atemberaubende Schönheit des Sternenhimmels,

> Wein, der erfreue des Menschen Herz, dass sein Antlitz schön werde vom Öl, und Brot, das des Menschen Herz stärke.
>
> PSALM 104,15

WIR ALLE BRAUCHEN EINSAMKEIT UND STILLE – Zeit, in der wir uns um unser Herz kümmern –, und wir brauchen dies häufig. Jesus hat das vorgelebt, aber wir folgen seinem Beispiel nur selten. Schon vor dem Ende des ersten Kapitels im Markusevangelium hat Jesus bereits jede Menge Aufsehen erregt. „Fast alle Bewohner der Stadt versammelten sich vor Simons Haus" (1,33; Hfa) – denn dort war Jesus. Jesus war das Ereignis des Tages. Sehen wir uns die weitere Entwicklung der Dinge an:

> Am Abend, als die Sonne untergegangen war, brachte man viele Kranke und von Dämonen beherrschte Menschen herbei. Fast alle Bewohner der Stadt versammelten sich vor Simons Haus. Jesus heilte viele von ihren Krankheiten …
>
> Am nächsten Morgen stand Jesus vor Tagesanbruch auf und zog sich an eine einsam gelegene Stelle zurück, um dort allein zu beten.
>
> Petrus und die anderen suchten ihn. Als sie ihn gefunden hatten, sagten sie: „Alle Leute fragen nach dir!"
>
> Aber er antwortete: „Kommt, lasst uns gehen …"
>
> MARKUS 1,32-38

Kennen Sie das nicht auch? Im Büro, in der Familie, in der Gemeinde – JEDER KOMMT UND WILL ETWAS VON IHNEN? Fairerweise muss man sagen: Das ist doch *die* Gelegenheit, oder nicht? Wenn Jesus seinen Einfluss ausdehnen will, den Umsatz steigern, das Publikum vergrößern – dann

{ 103 }

ist das doch die Chance, wo alle sowieso schon kommen, um ihn zu hören? Aber was tut Jesus? Er dreht sich um und zieht weiter. Gegen jede Logik und gegen jede Intuition, oder? Man muss doch das Eisen schmieden, solange es heiß ist, oder etwa nicht? „Alle Leute fragen nach dir!" O, wenn das so ist … kommt, lasst uns gehen!

JESUS WEIGERT SICH, VON DEN ERWARTUNGEN DER ANDEREN REGIERT ZU WERDEN. Wir dagegen machen es auch hier genau umgekehrt. UNSER GANZES LEBEN WIRD BESTIMMT VON DEN ERWARTUNGEN ANDERER. UND DAS ERSTE, WAS WIR DABEI VERLIEREN, IST UNSER HERZ. Und wir fragen uns, warum wir der Welt nichts zu bieten haben.

Vergessen wir nicht: Unser Leben ist ein Kampfplatz. Unser Feind hat eine Strategie – für jede Epoche eigens ausgetüftelt. Das Zeitalter der Vernunft schob das Herz aufs Abstellgleis, ließ es verwaisen wie ein ungeliebtes Kind – und dann war es dem Angriff des Feindes schutzlos ausgeliefert. DER UNGEIST UNSERER ZEIT HEISST GESCHÄFTIGKEIT. WIR SIND GETRIEBENE. Finden Sie, dass ich übertreibe? Hören Sie sich um, wie es den Leuten geht. Neun von zehn werden Ihnen irgendetwas in Richtung „bin total beschäftigt", „zu viele Termine" … antworten.

Gott gibt uns eine Gegenstrategie. Er erfindet den Sabbat, den Ruhetag. Auch diese Ordnung finden wir schon im Schöpfungsbericht. Sechs Tage lang hatte Gott ziemlich hart gearbeitet. ABER AM SIEBTEN TAG RUHTE ER. UND ER ERMUTIGT UNS, ES IHM GLEICHZUTUN. Und das heißt, ganz nebenbei gesagt: Wenn Ihr Engagement in der Gemeinde Sie auslaugt, dann haben Sie etwas missverstanden. „Der Sabbat ist für den Menschen gemacht", sagt Jesus. Nicht umgekehrt (Markus 2,27).

Das Leben unterliegt einem Rhythmus. Wir erwachen jeden Morgen, wir schlafen jeden Abend ein. Das Herz schlägt und ruht. Es schlägt – und ruht. Für jeden Herzschlag gibt es einen Moment der Ruhe. Für hundert Schläge – ebenso viele Ruhemomente. ICH WÜNSCHTE, ICH WÜRDE IN DIESEM RHYTHMUS MEINES HERZENS LEBEN. Ja, wir sollen Liebe verschenken und geben, was wir zu geben haben ... aber dann auch fähig sein, uns für eine Weile zurückzuziehen. Arbeiten Sie hart, unbedingt ... aber vergessen Sie nicht zu spielen. Kämpfe sind unvermeidbar ... aber ich möchte die Gelegenheit zur Ruhe ergreifen, wann immer ich kann.

Und jetzt verrate ich Ihnen noch etwas. EINE FRAU IST AM SCHÖNSTEN, WENN SIE ZUR RUHE

GEKOMMEN IST. Nicht mehr ängstlich bemüht ist, alles auf die Reihe zu kriegen. Nicht mehr jeder Gelegenheit hinterherjagend. Nicht mehr von Angst bestimmt. Zur Ruhe gekommen. Im Frieden mit sich und der Welt. Wo finden wir diesen Frieden, diesen Ruheplatz? In Gott und seiner Liebe finden wir diesen Platz, an dem wir sicher und geborgen sein können.

> Meine Seele ist still und ruhig geworden wie ein kleines Kind bei seiner Mutter; wie ein kleines Kind, so ist meine Seele in mir.
>
> PSALM 132,2

Wie ein Kind bei seiner Mutter. *Alles ist gut. Alles wird gut werden. Ich halte dich fest. Ich liebe dich. Ich lasse dich nie im Stich. Du bist meine Freude. Du gehörst mir.* Im Herzen Gottes finden wir den Ort, an dem wir ruhen können. Hier finden wir den Frieden.

Sie sind geliebt. Sie sind die Kronprinzessin des Reiches. Und Sie haben eine unersetzliche Rolle wahrzunehmen. Sie sollen Gottes Reich weiter ausbreiten. Sie brauchen nur die Zeitung aufzuschlagen oder einen Schritt vor die Haustür zu machen, und Sie wissen: **WIR LEBEN NICHT IN FRIEDLICHEN ZEITEN.** Nein, um uns steht eine Welt im Kampf.

{ 106 }

Das Leben, zu dem Jesus uns einlädt und das er uns schenken möchte, erfordert unsren Einsatz – an jedem Tag und in jedem Moment. Denn WIR MÜSSEN JESUS WÄHLEN. IHM UNSER HERZ SCHENKEN. WIR MÜSSEN SEINE EINLADUNG ANNEHMEN.

Die Einladung

Aschenputtels Schicksal entscheidet sich an einer Einladung. Bis zu dem Moment, in dem der Bote vom Schloss erscheint, scheint ihr Leben wie in Stein gemeißelt. Sie wird immer eine Dienstmagd bleiben, verurteilt zu einem Leben im Kellergeschoss. Ihre Feinde werden immer die Oberhand behalten. Sie wird ein Leben voller Enttäuschungen leben – und sie wird sie tapfer tragen. Etwas Besseres ist nicht in Sicht. Das ist ihr Schicksal.

Dann trifft ein Wort des Prinzen ein. Eine Einladung ergeht. Und an diesem Punkt bricht die Hölle los. DENN IN ASCHENPUTTEL ERWACHT EINE SEHNSUCHT. Ihre Feinde toben. Und ihr Leben wird nie mehr so sein wie zuvor.

WIE GUT, DASS DIE WENDE IM LEBEN ALS ANTWORT AUF EINE EINLADUNG ERFOLGT. Sie brauchen nicht manipulieren oder organisieren oder sich anstrengen, um sie herbeizuführen. Sie müssen nur antworten, die Einladung annehmen. Zugegeben, Aschenputtels Antwort brachte ihr mächtige Konflikte ein; es brauchte Mut, um auf dem einmal eingeschlagenen Weg zu bleiben, selbst nachdem sie mit dem Prinzen getanzt hatte. Eine wundervolle Parallele zu unserer eigenen Geschichte.

Schauen wir auf Maria, die Mutter Jesu. Für Sie gilt Ähnliches, allerdings geht es hier um viel mehr als um die Erfüllung eines Märchentraums. Ihr Leben veränderte sich radikal als Folge einer Einladung. Der Engel erschien als Bote des Königs. Aber sie war es, die Ja sagen musste. GOTT WÜRDE SIE NICHT ZWINGEN, DIE ROLLE WAHRZUNEHMEN, DIE ER IHR ZUGEDACHT HATTE. IHR HERZ MUSSTE EINWILLIGEN.

Und in allem, was dann folgte, würde sie ihr Herz dringend brauchen. Denn es erforderte enormen Mut. Auch hier brach die Hölle los. Der Feind tobte. Ihre Verlobung zerbrach – fast. Vermutlich verloren sie und Josef ihren guten Ruf in der Synagoge. MARIA BRAUCHTE EIN FESTES, BESTÄNDIGES HERZ, UM IHREM ERSTEN JA DIE WEITEREN JA FOLGEN ZU LASSEN, die ihr Weg erfordern würde.

Die Einladung unseres Königs erreicht uns

auf unterschiedlichste Weise. Es hat den Anschein, als rede er mit Männern eher in Form einer Herausforderung – in einer Fügung der Umstände, die einen Mann dazu bringen, sich als Mann zu erweisen. Aber Frauen, so scheint es uns, überbringt er eine Einladung. Sie sind eine Frau, und Ihr Herz ist selbst eine Einladung. Eine Einladung, die auf die denkbar persönlichste und intimste Weise überbracht wird. IHR LIEBHABER HAT IHNEN ETWAS INS HERZ GESCHRIEBEN. Den Ruf zu einem Leben leidenschaftlicher Liebe. Den Ruf, diese Liebe als ihren kostbarsten Schatz zu hüten. Den Ruf, die Schönheit zu entfalten, die in Ihnen – vielleicht noch – verborgen ist und sie zur Geltung zu bringen, damit andere sich daran freuen können. Den Ruf, der *ezer* zu sein, der nur Sie sein können und den die Welt dringend braucht.

Der König der Könige, Jesus selbst, lädt Sie ein. Er erwartet Ihre Antwort.

Werden Sie Ja sagen?

DER GELIEBTE SPRICHT ZU MIR:
STEH AUF, MEINE FREUNDIN, MEINE SCHÖNE,
SO KOMM DOCH!

HOHESLIED 2,12; EÜ

Stacy (Anastasi) Eldredge leitet die Seelsorgearbeit für Frauen von *Ransomed Hearts Ministries* in Colorado Springs. Sie ist verheiratet mit John und Mutter von drei Söhnen. Die Familie lebt in Colorado Springs, USA.

Mehr über die Arbeit von Stacy und John Eldredge erfahren Sie unter:

www.ransomedheart.com

Wenn Sie mehr über den Weg des Herzens erfahren wollen, den dieses Buch skizziert, finden Sie Ausführlicheres in:

Stacy und John Eldredge, *Weißt du nicht, wie schön du bist? Was geschieht, wenn Frauen das Geheimnis ihres Herzens entdecken.*
288 S., Brunnen Verlag Gießen, 8. Auflage 2010.

WEISST DU NICHT, WIE SCHÖN DU BIST?

Was geschieht, wenn Frauen das Geheimnis ihres Herzens entdecken?

288 Seiten, gebunden,
ISBN 978-3-7655-1934-5

DER PERSÖNLICHE REISEBEGLEITER ZUM BUCH

208 Seiten, Paperback,
ISBN 978-3-7655-1396-1

Dieser persönliche Begleiter auf der Reise zu Ihrem Herzen bietet Kernaussagen des Buches, Impulse zur Vertiefung wichtiger Themen und viel Platz für persönliche Reflexion.

BRUNNEN VERLAG GIESSEN
www.brunnen-verlag.de

Mehr als alles
hüte dein Herz

hüte
dein Herz

Herz
Mehr als alles